Bruno Richard Martin

Leibnizens Ethik

Bruno Richard Martin

Leibnizens Ethik

ISBN/EAN: 9783744654968

Hergestellt in Europa, USA, Kanada, Australien, Japan

Cover: Foto ©ninafisch / pixelio.de

Weitere Bücher finden Sie auf **www.hansebooks.com**

LEIBNIZENS ETHIK.

INAUGURAL-DISSERTATION,

DER HOHEN PHILOSOPHISCHEN FACULTÄT

DER UNIVERSITÄT ERLANGEN

ZUR

ERLANGUNG DER DOCTORWÜRDE

VORGELEGT

VON

BRUNO RICHARD MARTIN,

CAND. PHIL.

AUS WURZEN.

SEPTEMBER 1886.

Seinen lieben Eltern

 in Dankbarkeit

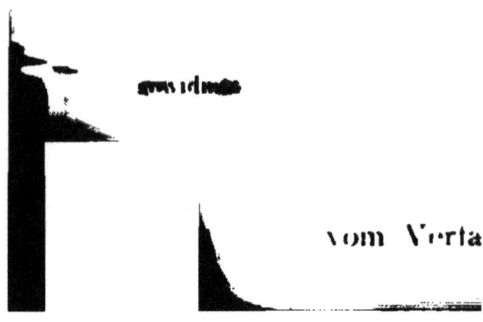

Inhaltsangabe.

Einleitung.

Die ethischen Anschauungen eines Philosophen bilden einen integrierenden Bestandteil seiner philosophischen Gesamtanschauung. Wollen wir also Leibnizens Ethik wohl verstehen, so müssen wir einen Einblick gewonnen haben in sein philosophisches Denken überhaupt. Zu diesem Zwecke betrachten wir zunächst in Kürze

Leibnizens Erkenntnistheorie,

die sich den Anschauungen Lockes gegenüber dargestellt findet in den Nouveaux essais sur l'entendement humain.

Locke, Vertreter des Empirismus, bezeichnet als Quelle aller Erkenntnis die Erfahrung, zu der wir durch äussere und innere Wahrnehmung gelangen. Leibniz aber ist, wie Descartes und Spinoza, Vertreter des Intellectualismus oder Dogmatismus, indem er die Zuverlässigkeit auch des von der Erfahrung unabhängigen Denkens behauptet, das wir vermöge des uns angeborenen Verstandes ausüben.

Infolgedessen ist nun auch die Seele keine tabula rasa, wie Locke meint, sondern sie besitzt angeborene Ideen. Ja man kann sagen, dass alle Vorstellungen der Seele angeboren sind, da sie von aussen nicht in die Seelenmonas, die ein absolut Einfaches ist, eintreten können. Alle diese Vorstellungen (Perceptionen) sind anfänglich nur als unendlich kleine, als Anlagen zu Vorstellungen vorhanden, die sich, allerdings nur in den höheren Monaden, aus ihrer Verworrenheit lösen und in klare Vorstellungen (Apperceptionen) verwandeln können. Das aber geschieht durch das Denken.

Von hier aus gelangt Leibniz zu der Unterscheidung von tatsächlichen Wahrheiten und notwendigen oder Vernunftwahrheiten. Die ersteren gehören dem Gebiete der Erfahrung an und stammen aus den Sinneseindrücken. Da die Sinne nun zwar lehren, was geschieht, aber nicht, was notwendig geschieht, so können wir durch die Sinne auch nicht zu den notwendigen Wahrheiten gelangen. Die Seele ist vielmehr selbst beanlagt, diese letzteren aus ihrem eigenen Inneren gleichsam hervorzuziehen und zwar vermittelst des Verstandes, der ursprünglich der Seele angeboren ist. Unser Verstand kann tatsächliche, wie notwendige Wahrheiten erkennen, er ist aber nur die Quelle der letzteren.

Wie nun die Ideen, die aus der Sinneswahrnehmung stammen, unklar, verworren sind, so sind dies auch, wenigstens zum Teil, die davon abhängigen Wahrheiten, während dagegen die Vernunftideen und die Wahrheiten, die davon abhängen, klar sind.

Diese Unterscheidung von tatsächlichen und notwendigen Wahrheiten gilt natürlich nur für das endliche Bewusstsein. In Gott, der nur klare Vorstellungen hat, werden auch die tatsächlichen Wahrheiten zu notwendigen.

Auf dem Gebiete der notwendigen Vernunftwahrheiten gelten die logischen Principien der Identität und des Widerspruches, auf dem Gebiete der tatsächlichen, zufälligen Wahrheiten das Princip des zureichenden Grundes.

Zu den tatsächlichen Wahrheiten gehören die Erkenntnisse auf dem Gebiete der Physik; die Sätze der Mathematik, Metaphysik und Logik und Moral dagegen zu den ewigen, notwendigen Vernunftwahrheiten (1).

Dies ist in kurzen Zügen die Erkenntnistheorie Leibnizens, die uns als Einleitung dient zu seiner Ethik.

Leibnizens Ethik.

Leibniz hat kein besonderes Werk über die Ethik geschrieben. Seine Anschauungen über diese Wissenschaft sind an zerstreuten Orten niedergelegt, besonders aber in den Schriften der Jahre 1700—1716, welche Zeit wir deshalb auch wohl als die ethische Periode bezeichnen dürfen. Die hauptsächlichsten der zu berücksichtigenden Schriften sind: Nouveaux essais sur l'entendement humain; die Théodicée; die Monadologie und die Principes de la nature et de la grace. Ausserdem dienen als Quelle verschiedene kleinere Schriften und Abhandlungen, skizzenhafte Entwürfe und vor allem eine zahlreichen Briefe.

Unserer nun folgenden zusammenhängenden Darstellung der Leibnizschen Ethik legen wir folgenden Plan zu Grunde:

I. Allgemeiner Teil. Leibnizens Gedanken über:

1) Die Ethik als Wissenschaft.

2) Ihr Verhältnis zur Metaphysik.

3) Gewissheit und Berechtigung der Sittlichkeit.

II Spezieller Teil der Ethik.

1) Der Mensch als Subject des sittlichen Handelns.

2) Das Ziel des ethischen Handelns (Güterlehre).

3) Der Weg, der zur Erreichung des Gutes führt (Tugend und Pflichtenlehre).

4) Die menschliche Gesellschaft.

I. Allgemeiner Teil.

1. Die Ethik als Wissenschaft.

Die Ethik, für welche Leibniz hauptsächlich die Bezeich-
nungen Moral und Moralwissenschaft gebraucht, ist nach ihm eine
demonstrative Wissenschaft (2), d. h. sie hängt von Beweisen ab,
welche der in uns wohnende Verstand liefert (3) Die Wahrheiten, die sie lehrt, sind so evident, dass selbst Räuber und
Banditen sie unter einander zu beobachten gezwungen sind (2).
Ja grosse Männer, welche durch Speculation zu irrtümlichen, der
Moral und Politik gefährlichen Meinungen gelangt sind, pflegen
doch von Natur dem Laster fern zu bleiben, für das die grosse
Menge empfänglich ist (4). Es findet sich also selbst bei ihnen eine
unbewusste practische Anerkennung dessen, was sie in der Lehre
verwerfen. So gross ist die Macht und Wahrheit des Sittlichen

2. Verhältnis der Ethik zur Metaphysik.

Das Verhältnis der Metaphysik zur Ethik bestimmt Leibniz,
indem er sagt: wie die Logik mit der Metaphysik die natürliche
Theologie, so bildet die Moral die natürliche Rechtswissenschaft
(5), d. h. sie stellt Gesetze auf, deren Buchstaben von Gott und
Natur in unsere Herzen eingegraben sind (3). An einer anderen
Stelle aber fasst er das Verhältnis beider Wissenschaften noch
enger, indem er sie als Teile der natürlichen Theologie selbst
bezeichnet. Beide verhalten sich alsdann wie Theorie und Praxis
und zwar bildet den theoretischen Teil die echte Metaphysik,
den praktischen Teil die vollkommene Sittenlehre.

Eben wegen dieser engen Beziehung beider zu einander ist
es nötig, die metaphysischen Grundbegriffe näher zu erörtern,
denn nach ihnen gestalten sich unsere ethischen Anschauungen;
unsere Lehre von der Substanz, von der Natur der Geister und
besonders Gottes und der Seele bestimmt unsere Erkenntnis der
Tugend und Gerechtigkeit (6).

Werfen wir deshalb einen Blick auf die Leibniz'sche
Metaphysik. Wir haben dabei, wie Leibniz selbst bei seinen
metaphysischen Untersuchungen, auszugehen vom Substanzbegriff.

Jede Substanz ist eine tätige Kraft, die ihrer Qualität nach im Vorstellen besteht. Dieses Vorstellen schliesst ein stetes Streben nach neuen Vorstellungen (Perceptionen) in sich. Es giebt eine unendliche Vielheit von Substanzen, deren jede für sich das absolut Einfache, eine Monas bildet. Aber keine gleicht der anderen. Je nach dem Grade des Vorstellens sind sie von einander verschieden. Diese Verschiedenheit aber ist keine regellose, es findet vielmehr eine stete Abstufung, eine continuierliche Stufenordnung statt. Alle ihre Vorstellungen entwickelt die Monade von innerlich, so dass sie nach aussen keinerlei unmittelbare Beeinflussung darbieten. Eine aussere Wechselwirkung mit anderen Monaden ist demnach nicht möglich und so verwandeln sich alle endlichen Vorgänge in geistige. Äussere Eindrücke giebt es nicht. Im Innern jeder Monade spielt sich ein Process ab, demgemäss alle Vorstellungen der Welt in jedem Augenblicke in ihr sich gleichzeitig vorstellen, nur je nach der Entfernung der Monaden von einander und bezüglich ihrer grösseren oder geringeren Vollkommenheit in verschiedener, grösserer oder geringerer Klarheit. So ist jede Monade ein Mikrokosmos, ein Spiegel des Universums, welches selbst der Inbegriff aller Monaden ist.

Jede Monade stellt das Universum dar nach einem besonderen, ihr allein eigentümlichen Gesichtspunkte. Die continuierliche Stufenfolge der Monaden bewirkt eine universelle Harmonie, welche, auf Gott als ihren Urheber zurückgeführt, prästabilierte Harmonie genannt wird.

Jede Gruppe von Monaden wird von einer Centralmonas, Seele, beherrscht. Eine solche besitzt jeder lebende Organismus, auch die Pflanze und das Tier.

Die gemeinsame Ursache aller endlichen geschaffenen Substanzen und ihrer Harmonie ist Gott. In ihm erhebt sich jede Vorstellung zu unendlicher Klarheit. In ihm sind auch alle zufälligen Wahrheiten notwendige. Der Gott Leibnizens ist also ein persönlicher, ausserweltlicher.

Zwischen dem Körper, der nur ein Aggregat von Monaden ist, und der Seele besteht ebensowenig eine äussere Wechselwirkung, wie unter den übrigen Monaden. Beide sind von Anfang so harmonisch zu einander gestimmt: was in der Seele geschieht beruht auf ihr eigentümlichen Entwickelungsgesetze, stimmt in jedem Augenblick überein mit dem, was gemäss einer gleich geartmässigen Natur im Körper vor sich geht. Diese Harmonie ist gleichfalls von Gott gesetzt und bildet nur einen speciellen Fall der universellen Harmonie.

Alle Substanzen, als absolut einfache, geistige Wesen, sind keiner Zerstörung unterworfen, denn eine solche kann nur die stattfinden, wo es ein Zusammengesetztes, Teile giebt. Also ist die Seele unsterblich.

Die Substanzen, welche Geister, d. h. mit Verstand begabt sind, bilden das Reich der Gnade, in dem die Zweckursachen wirksam sind, die übrigen Substanzen das Reich der Natur, in welchem die bewirkenden Ursachen herrschen und alles nach den mechanischen Gesetzen der Bewegung von sich geht. Beide stammen aus einer Quelle, Gott und eben daher ruhrt ihre Harmonie.

Zum Reiche der Natur verhält sich Gott, wie der Techniker zu seiner Maschine, im moralischen Reiche der Gnade regiert er als weiser Monarch und verhält sich zu seinen Untertanen, wie der Vater zu seinen Kindern.

Jede mit Verstand begabte Substanz ist ein nach Gottes Ebenbilde geschaffener Geist und als solcher nie ohne Körper, auch nicht nach dem Tode (7).

3. Gewissheit und Berechtigung der Sittlichkeit.

Wie wir gesehen haben, gehören die Grundwahrheiten der Moral zu den notwendigen Vernunftwahrheiten die aus uns angeborenen inneren Principien stammen und deren wir uns durch die Vernunft bewusst werden, die ja allein im stande ist, allgemein giltige, ewig wahre Regeln und Gesetze aufzustellen (8).

Doch ist nicht alles sittliche Handeln rein auf die Vernunft gegründet. Ein Teil der sittlichen Principien beruht vielmehr auf der inneren Erfahrung und auf verworrenen Erkenntnissen. Ein grosser Teil der Menschen handelt sittlich aus Instinct, infolge natürlichen Triebes, der uns ebensogut angeboren ist, obgleich er der natürlichen Klarheit entbehrt, die erst durch die Vernunft erreicht wird. Wir müssen also neben den notwendigen Vernunftwahrheiten instinctive Wahrheiten im Gebiete des Sittlichen anerkennen, die sich von den ersteren nur dadurch unterscheiden, dass wir sie nicht beweisen und dass wir ihnen ohne klares Bewusstsein folgen (9). Der oberste unveränderliche Massstab des Moralischen aber ist und bleibt die Vernunft (10). Die Instincte sind nur Hülfsmittel, die allein nicht hinreichen würden, der Moral die nötige Sicherheit zu geben (9). Der Vernunft aber widersprechen heisst gegen die Wahrheit sprechen, denn die Vernunft ist eine Verkettung von Wahrheiten (11).

Aber erst der Hinblick auf Gott und Unsterblichkeit verleiht der Sittlichkeit im letzten Grunde ihre unumstössliche Berechtigung und macht uns der Tugend und der Gerechtigkeit unbedingt verbindlich (12). Denn nur unter dieser Voraussetzung

...wir überzeugend dartun, dass alles Ehrbare nützlich, alles Schimpfliche schädlich ist (13). Es gibt überhaupt wohl kaum eine Vorschrift, der wir verbunden wären, wenn es keinen Gott gäbe, der die Verbrechen bestraft, das Gute belohnt (14). Also ruht im Grunde alle Sittlichkeit auf religiösem Boden.

II. Specieller Teil der Ethik.

1. Der Mensch als Subject des sittlichen Handelns.

a) Physische und persönliche oder moralische Identität.

Der Mensch, als Subject des sittlichen Handelns, muss freie Persönlichkeit sein, d. h. ein mit Vernunft und einem freien Willen begabtes, mit sich selbst in jedem Augenblicke sowohl physisch als moralisch identisches Wesen. Die physische oder reale Identität allein genügt nicht, denn diese besitzt auch das Tier (15). Auch ist die Identität nicht im eigentlichen Sinne, sondern nur eine scheinbare, denn der Körper befindet sich in einem beständigen Flusse, in steter Bewegung und ist deshalb nie in zwei verschiedenen Augenblicken derselbe (16). Man kann von einer physischen Identität nur insofern reden, als die einmal im Körper vorhandenen Eindrücke stets bleiben, d. h. fortwirken und in der Folge mit anderen, neuen sich mischen (17). Etwas bleibt also von dem früheren Zustand stets zurück: die Zukunft einer jeden Substanz steht in steter Verknüpfung mit der Vergangenheit und das bewirkt die Identität des Individuums (18).

Die physische Identität erhebt sich im denkenden Individuum zur moralischen oder persönlichen. Wie der Körper in steter Bewegung ist, so denkt die Seele immer (17) und bewahrt gleichfalls in ihrer Natur die Spuren aller ihrer vorhergehenden Zustände (19), denn es findet eine beständige Fortsetzung und Verknüpfung von Wahrnehmungen statt (15), der wir uns bewusst werden können vermöge einer virtuellen Erinnerung, die immer geweckt werden kann (19). Infolge dieser Erinnerung werden wir uns dessen bewusst, was wir sind (20) und dieses Selbstbewusstsein bewirkt eben das, was wir persönliche Identität nennen (15)

Sie ist also nur bei vernünftigen, denkenden Wesen möglich. Moralische Identität aber nennen wir die persönliche, sofern jede Person das Gewissen oder das reflexive innere Gefühl bewusst von dem, was sie ist in sittlicher Beziehung kraft ihrer moralischen Eigenschaften, die ihr immer bleiben (21).

Physische und persönliche Identität sind nur zwei verschiedene Seiten desselben Ich: die Erscheinung des Ich setzt die physische, reale, der Selbstbewusstseinsact fügt hinzu die persönliche, moralische Identität (15).

Anmerkung. Leibniz giebt bei Gelegenheit einer Darstellung des Naturrechtes zwei Definitionen vom Begriff „Person" Einmal sagt er, Person sei jeder, der sich selbst liebt oder Vergnügen und Schmerz empfindet. Dann sagt er wieder. Person ist der, der einen Willen hat oder Gedanken, Affecte, Empfindungen von Vergnügen und Schmerz. Aber beide Definitionen sind nicht zutreffend und widerlegen sich durch sein eigenes System. Denn nach Leibnizens Monadenlehre kommt auch den Tieren eine empfindende, also für Schmerz und Lust empfängliche Seele zu, wenn dies auch nicht in dem Grade wie beim Menschen der Fall ist. Vielmehr lehnen sich diese Definitionen an Cartesius an, der den Tieren die Seele und folglich alle Empfindung abspricht. Beide müssen also einer Periode angehören, in der die Leibniz'sche Monadenlehre noch nicht zu ihrer vollständigen Ausbildung gelangt war (22).

b) der Freiheitsbegriff.

Endlich aber muss der Mensch, und das ist die Hauptsache, um sittlich handeln zu können, frei sein, d. h. einen freien Willen besitzen, der ihn zum Handeln treibt. Giebt es keine Willensfreiheit, keine freie Selbstbestimmung bei unseren Handlungen, dann giebt es überhaupt keine Sittlichkeit und dann kann man nicht von Gerechtigkeit und Ungerechtigkeit reden; Lob, Tadel, Lohn, Strafe, alles muss wegfallen (23). Erst als freies Wesen ist der Mensch für seine Handlungen verantwortlich.

Die Natur der Freiheit besteht nun nach Leibniz darin, dass die Handlung des Willens spontan und überlegt und zufällig, d. h. nicht unbedingt notwendig sei (24).

Die Spontaneität bildet den ersten Hauptbestandteil des Freiheitsbegriffes. Wir handeln spontan, wenn das Princip unserer Handlung in unserem eigenen Inneren, nicht aber ausser uns gelegen ist (25). Die Abhängigkeit von Gott tut der Spontaneität keinen Abbruch. Dass wir überhaupt handeln können, die Kraft zum Handeln, unsere Activität verdanken wir allerdings Gott (26), das Wie der Handlungen aber beruht in der uns eigentümlichen Natur. Jede

Substanz ist naturgemäss die alleinige Ursache all ihrer Handlungen [35]. Auch die Präscienz und Providenz Gottes lassen unsere Handlungen frei, weil Gott sie in seinen Ideen so vorausgeschaut hat, wie sie sind, nämlich frei [37]. Jede Substanz hatte die ihr eigentümliche Natur erhalten, ehe Gott sie schuf, im Bereiche der reinen Möglichkeiten und eben diese ideale Natur hat Gott unverändert in ihre Wirklichkeit gesetzt [38]. Die Möglichkeit der Dinge aber, ihre ideale Natur ruht im göttlichen Verstande und ist infolgedessen nicht von Gott geschaffen, da er nicht Urheber seines eigenen Verstandes sein kann [20].

Jede freie Handlung muss ferner überlegt, d. h. vernunftgemäss sein. Der Verstand ist es, der den Willen zum Handeln bestimmt [30]. Der Wille ist das Resultat aller, auch der unwillkürlichen Wahrnehmungen und Neigungen in unserem Inneren. Diese liegen in stetem Kampfe mit einander, alle nach Verwirklichung strebend. Der Wille aber folgt stets derjenigen Neigung, die schliesslich am stärksten und klarsten hervortritt [31]. Wie nun überhaupt nichts ohne Grund geschieht [32], so giebt es also auch stets einen überwiegenden Grund, der den Willen zur Wahl treibt. Dieser Grund aber hat nichts unbedingt Zwingendes und eben deshalb bleibt die Freiheit des Willens gewahrt; der Grund macht nur geneigt [33].

Die Determination des Willens ist demnach eine innere, also eigentümlichen Natur der Seele entspringende und gemäss dem System der vorherbestimmten Harmonie sind alle Gründe, die uns bestimmen, geregelt nach allem, was uns umgiebt [34].

Der Verstand aber ist es, der sich der stärksten in unserem Inneren nach Verwirklichung strebenden Neigung bewusst wird und demgemäss den Willen bestimmt. Also hat der Verstand den grössten Einfluss auf die Bildung des Willensactes. Je mehr nun der Verstand ausgebildet ist, je klarer und reiner die Gründe sind, die zur Wahl führen, um so grösser ist die Freiheit und in der Folge auch die Sittlichkeit eines Wesens. Hiernach lässt sich mit den Stoikern sagen, dass allein der Weise recht frei sei. Ja im eigentlichen Sinne ist dann nur Gott vollkommen frei, da er allein die höchste Erkenntnis und nur klare Vorstellungen hat; wir Geschöpfe aber sind es nur in dem Maasse, als unsere Erkenntnis fortgeschritten ist [30]. Je mehr wir uns Gott nähern, um so vollkommener wird unsere Freiheit, denn um so mehr lassen wir uns durch die Vernunft bestimmen [35].

Nun ist zwar alles vorher und im Voraus bestimmt im Menschen wie im Universum überhaupt und wir können deshalb die menschliche Seele gleichsam einem geistigen Automaten nennen, aber gleichwohl bleibt die Handlung des Willens eine zufällige [30]. Der Begriff des Zufälligen kann gefasst werden als fortuitum oder als contingens. Das fortuitum schliesst den Begriff der reinen Willkür ein, für welches eine ratio sufficiens nicht vorhanden ist. Für Leibniz giebt es ein solches von jedem Vernunftgrunde losgetrenntes Zufälliges nicht. Das Zufällige ist vielmehr ein contingens und was Leibniz darunter versteht, sagt uns Class in der Schrift: Die metaphysischen Voraussetzungen des Leibniz'schen Determinismus. Wir citieren die Stelle: Die Basis des Freien (liberum, wie des Determinierten ist der Begriff des Contingenten d. i. nicht geltende Allgemeinheit oder Regel, sondern existierender Einzelheit. Für sein Sein und sein jedesmaliges Sosein giebt es eine ratio sufficiens. Das Contingente ist immer determiniert. Ist es durch sich selbst determiniert, so ist es frei, ist es durch andere determiniert, so ist es unfrei (36). Dieses Zufällige ist eben deshalb auch das, was nicht unbedingt notwendig ist und dessen Gegenteil keinen Widerspruch in sich schliesst, also möglich ist (37). Da nun der Wille unter verschiedenen Neigungen wählt, deren Verwirklichung an sich gleich möglich ist, so kann man von keiner metaphysischen Notwendigkeit reden. Denn logisch oder metaphysisch notwendig ist das, dessen Gegenteil einen Widerspruch einschliesst, also nicht möglich ist (38). Dass die Handlung wirklich eintritt, macht sie noch nicht zu einer absolut notwendigen, denn alles Wirkliche ist noch nicht alles Mögliche. Möglich ist alles, was keinen Widerspruch in sich schliesst (39).

Jede logische oder metaphysische Notwendigkeit ist demnach mit dem Freiheitsbegriffe unvereinbar (40). Dies betont Leibniz besonders scharf gegen Spinoza, der durch die Annahme einer solchen absoluten Notwendigkeit den Freiheitsbegriff überhaupt zerstört und Gott der Intelligenz und Wahlfähigkeit beraubt und ihn zur blinden Notwendigkeit macht, aus der alles emaniert und in Folge deren allein das, was wirklich sich ereignet, möglich ist (41). Ebensowenig Berechtigung hat aber die Annahme eines fatum Mahometanum oder fatum Stoicum. Es ist falsch, zu sagen ein Ereignis treffe ein, was man auch tue, es wird vielmehr eintreffen, weil man tut, was dahin führt (42). Eine unüberwindliche Notwendigkeit würde der Gottlosigkeit die Thore öffnen (43). Darum ist denn die Freiheit keinerlei Zwang unterworfen, weder in Gott noch bei den verständigen Kreaturen (44).

Neben der logischen oder metaphysischen Notwendigkeit, die es nur auf dem Gebiete des vernünftigen Denkens giebt, nimmt Leibniz eine physische und eine moralische Notwendigkeit an. Die zweite Art findet sich auf dem Gebiete der Natur. Die Naturgesetze sind weder gänzlich, d. h. unbedingt notwendig, noch gänzlich willkürlich, denn sie beruhen auf der Wahl der göttlichen Freiheit (45). Zwischen physischer und moralischer Notwendigkeit besteht kein strenger Unterschied. In Bezug auf

Kann es auch die physische Notwendigkeit eine moralische, insofern die Gesetze der Bewegung dem Gesetze seiner Weisheit, die stets das beste wählt, eingereiht sind (46). Die moralische Notwendigkeit kommt schließlich auch bei einem guten, d. h. wahrhaft sittlichen Menschen der natürlichen Notwendigkeit gleich, denn es widerstrebt seiner Natur, etwas zu tun, was gegen die Sittlichkeit verstößt (47). Beide, die physische und die moralische Notwendigkeit, zwingen nicht unbedingt, sie machen nur geneigt (48). So kommen wir sogar: aus dem, was ich bin, folgt nicht unbedingt notwendig, was ich sein werde, aber es folgt natürlicher Weise (48). Und so widerspricht auch die Annahme einer moralischen Notwendigkeit dem wahren Freiheitsbegriffe nicht (49); ja Gott ist, gerade weil er vollkommen frei ist, in die moralische Notwendigkeit versetzt, stets das Beste zu wählen (50).

Da nun der Wille des Menschen, wie wir oben gesehen haben, stets einem überwiegenden Grunde folgt, so hat der Mensch auch keine unbedingte Wahlfreiheit. Er kann keinen Entschluss fassen, der nicht irgendwie in seiner Natur, in seinem Verstande begründet ist. Ein Handeln gegen alle vernünftigen Gründe würde den wahren Freiheitsbegriff zerstören und den Menschen unter das Tier erniedrigen (51). Descartes sagt, ein lebhaftes inneres Gefühl beweise die Unabhängigkeit unserer Handlungen. Aber das Gefühl ist kein sicherer Maßstab für unsere Freiheit. Denn, wenn wir auch oft die Ursachen nicht wahrnehmen, von denen unsere Willensentschlüsse abhängen, so sind wir doch darum niemals völlig undeterminiert (52).

Ebensowenig aber, wie eine völlige Indeterminiertheit, giebt es eine vollkommene Gleichgewichtsindifferenz. Zwei Dinge sind nie einander vollständig gleich und machen infolgedessen nie den gleichen Eindruck auf uns. Stets sind wir infolge einer unzählbaren Anzahl zusammenwirkender innerer und äußerer Zustände und Eindrücke nach der einen Seite mehr geneigt, als nach der anderen (53). Wie es überhaupt kein Ding giebt, gegen das wir völlig gleichgültig wären (54), so giebt es auch keinen leeren Willen, der aus der Gleichgewichtsindifferenz folgen würde. Das Beispiel von Esel des Buridan, der zwischen zwei Wiesen steht und ebensosehr nach der einen, wie nach der anderen sich gezogen fühlt, ist eine Fiktion, eine Chimäre. Man müsste denn gerade durch den Esel das ganze Universum in zwei völlig gleiche Hälften teilen können, was schlechterdings unmöglich ist. Gesetzt aber, der Fall könnte eintreten, dann müsste der Esel verhungern, denn ein Wille würde mitten zwischen zwei Dingen, von denen er sich für beide entscheiden kann, stille stehen (55).

Leibniz ist, wie aus dieser ganzen Darstellung hervorgeht, Determinist und insofern verwandt mit Spinoza. Doch besteht zwischen beiden noch ein wesentlicher Unterschied. Nach Spinoza ist das Subject der Determination die allgemeine Substanz, nach Leibniz jedes einzelne Individuum. Leibnizens Determination ist ein innerer, psychologischer. Was wir tun, geschieht in Übereinstimmung mit der uns eigentümlichen Natur und darum ohne Zwang. Spinozas Determinismus ist ein äusserer, ausserhalb des Einzelwesens gelegener und darum zwingender. Leibniz bekämpft den Indeterminismus, indem er die Seele einer Magnetnadel vergleicht, die, gesetzt den Fall, sie hätte Bewusstsein, meinen würde, sie wende sich beständig nach Norden, weil es ihr Vergnügen gewährt, während dieses doch die Folge der unmerklichen Bewegungen des magnetischen Stoffes ist (54). Spinoza dagegen, und das ist bezeichnend für den Unterschied zwischen beiden Philosophen, führt als Beispiel einen von äusserer Gewalt geworfenen Stein an, der sich in seiner Bewegung frei dünkt (55).

Da nun in jeder, also auch in der menschlichen Monade, sich ein von Ewigkeit an vorherbestimmter Process abspielt, so kann ebendeshalb die Freiheit des Menschen nur eine scheinbare sein. Jede hypothetische Notwendigkeit wird zur metaphysischen, denn würde der Mensch anders handeln, als dies in Wirklichkeit der Fall ist, dann würde der ganze Process ein anderer und das würde eine andere Monade ergeben. Frei sind wir nach Leibniz nur deshalb, weil wir das, was wir kraft unserer Natur tun müssen, gern tun. Deshalb sagt er: der Wille macht uns geneigt, zwingt aber nicht. Bezeichnet ferner Leibniz das vernunftgemässe Handeln als ein freies, so ist auch damit kein eigentlicher Freiheitsbegriff gegeben. Denn einmal hat im Grunde genommen der Mensch nie vollkommen klare Ideen — die hat ja nur Gott —, dann aber sind die einzelnen Acte des vernünftigen Denkens ebenso vorherbestimmt, wie alle übrigen Processe, die in der Monade vor sich gehen (56).

Aber sehen wir von diesen Widersprüchen ab, so müssen wir doch anerkennen, dass Leibniz einen Freiheitsbegriff zu construieren sucht und dass er im Grunde von der Freiheit des Menschen überzeugt ist, die denselben zu einem sittlichen, verantwortlichen Wesen macht.

Die Freiheit, von der bisher die Rede gewesen ist, ist eine Macht des Willens (57) und wohl zu unterscheiden von der tatsächlichen und von der Freiheit, die das Recht gewährt. Erst aus dem Wollen und Können folgt die Handlung (30). Es fragt sich aber zunächst noch nicht, ob der Mensch auch das kann, was er will, sondern ob und inwiefern sein Geist frei ist (50). In diesem Sinne ist also nicht blos der frei, der ohne Hindernisse wirkt. Diese kommen vielmehr bei Feststellung des wahren Freiheitsbegriffes gar nicht in Betracht; wohl aber bei der tatcaeblielten und der Rechtsfreiheit, die immer gewissen Schranken unterworfen sind (56). Doch von den beiden letzteren Arten der Freiheit haben wir später zu reden.

2. Güterlehre.

a) Der Zweckbegriff im Universum.

Wie nun nach Leibniz nichts ohne Grund geschieht, so hat auch jedes Ding in der Welt seinen bestimmten Zweck. Nichts geschieht umsonst, nichts geht verloren, alles strebt von einem unvollkommeneren Zustande zu einem vollkommeneren und reiferen Diese Entwickelung geht vor sich sowohl im Reiche der Natur, als in dem der Gnade (59). Der Inbegriff nun aller Dinge, die existieren und ihre in die Ewigkeit sich erstreckende Entwickelung, das ist die Welt (60). Diese in Wirklichkeit bestehende ist aber nicht die einzige mögliche Welt. Unzählige andere Welten sind gleichmöglich und ihre Ideen ruhen im göttlichen Verstande. Nur eine aber konnte Gott verwirklichen. Da er nun Weisheit und Güte im höchsten Grade besitzt, d. h. stets das Wahre erkennt und stets das Beste will, so hat er eben nach diesem Principe die wirkliche Welt als die beste unter allen möglichen in's Dasein gesetzt (61).

b) Der Optimismus Leibnizens.

So ist denn Leibniz Optimist im reinsten Sinne des Wortes. Und dieser sein Optimismus spiegelt sich ungetrübt in allen seinen ethischen Anschauungen wieder, besonders klar aber tritt er zu Tage bei seiner Rechtfertigung Gottes gegenüber dem in der Welt vorhandenen Uebel. Wie erklärt sich das Vorhandensein des Uebels in einer besten, möglichst vollkommenen Welt? Das ist die Frage, der wir jetzt näher treten müssen.

Schon aus der tatsächlichen Existenz des Uebels können wir schließen, dass es mit der besten Welt vereinbar, ja in dieselbe notwendig gebunden ist. Wäre dies nicht der Fall, so würde Gott eben das Uebel nicht zugelassen haben Wir müssen schließen als effectu: Gott hat es getan, folglich ist es gut (62). Wenn wir im stande wären, die Harmonie des Universums vollständig zu begreifen, dann würden wir bemerken, dass das, was wir versucht sind zu tadeln, verbunden ist mit dem würdigsten Plane, den Gott wählen konnte (63). Wenn aber in dieser Welt nur das geringste an ihr gefügige Uebel fehlen würde, dann wäre es oben nicht diese Welt. Denn es kann im Universum nichts geändert werden, ohne dass seine Wesenheit geändert wird (64). Das Übel ist also eine unvermeidliche Folge der Wahl des Besten, eine Folge der göttlichen Weisheit (65).

Aber ist Gott deshalb der Urheber des Übels? Durchaus nicht. Wo liegt dann der Grund? Vielleicht in der Materie? Nein. Denn die Materie selbst ist eine Wirkung Gottes. Auch muss die Quelle des Übels ewig sein, die Materie aber ist es nicht. Wir haben diese Quelle vielmehr zu suchen in den Formen oder Ideen der Möglichkeiten. Die Region der ewigen Wahrheiten, der göttliche Verstand ist die Quelle der Dinge, die ideale Ursache des Übels, wie des Guten (66).

Es ist also zu unterscheiden zwischen dem Verstande Gottes und zwischen seinem Willen: Gott will das Übel nicht, denn sein Wille ist stets auf das Gute gerichtet, er lässt es aber zu aus Gründen, die sein ewiger Verstand enthält (67). Wir haben in Gott einen vorhergehenden und einen nachfolgenden Willen zu suchen. Mit dem ersteren will Gott jedes Gut als solches verwirklichen, jedes Übel als solches ausschliessen; aus allen diesen besonderen Willensbestrebungen, die teils auf das Gute, teils auf Unterdrückung des Bösen zielen, resultiert vermöge des göttlichen Verstandes ein Totalwille (voluntas consequens), der das Beste erzielt, was überhaupt erzielt werden kann. An dieses Beste aber ist das Übel geknüpft als eine conditio sine qua non (68).

Hierdurch wird die Regel: non esse facienda mala, ut eveniant bona, keineswegs verletzt. Ein Verbrechen, um den Staat zu retten, ist allerdings nicht erlaubt. Denn das Verbrechen ist sicher, ob aber der Staat ohne dasselbe zu Grunde geht oder durch dasselbe gerettet wird, zweifelhaft. Jedenfalls könnte ein Staat eher zu Grunde gehen, als dass das Verbrechen autorisiert würde. Inbezug auf Gott aber ist ja nichts zweifelhaft, demnach kann bei ihm der Regel des Besten nichts entgegengestellt werden. Wenn Gott die Sünde zulässt, dann ist das Weisheit, ist es Tugend (69).

Es darf also auch nicht gesagt werden, dass Gott etwas Besseres hätte schaffen können, als er wirklich geschaffen hat. Denn dann würde das Bestehende ein geringeres Gut sein, aber minus bonum habet rationem mali, und man würde so von Gott nicht sagen können, dass er seinen Willen auf das Beste richte (70).

Das Wesen des Übels ist Unvollkommenheit. Die Kreatur ist von Natur einer ursprünglichen Beschränktheit unterworfen. Gemäss dem idealen Grunde ihrer Begrenzung empfing sie diese Beschränkung mit dem Beginn ihrer Existenz. Gott konnte der Kreatur nicht alles geben, ohne einen Gott aus ihr zu machen.

So war es denn nötig, verschiedene Grade der Vollkommenheit zu bestimmen (71). Die Kreatur ist beschränkt bezüglich ihrer Größe, ihrer Macht, ihrer Erkenntnis, überhaupt bezüglich jeder Vollkommenheit (72).

Was nun in der Kreatur Vollkommenes ist, das ist eine Wirkung Gottes. Seine vollkommene Activität bricht sich an der Unvollkommenheit der Kreatur; daher die beschränkte Receptivität und die Unvollkommenheit der Handlungen (73).

Der Fluss, der das Schiff mit sich führt, verursacht die Bewegung desselben; dass aber diese Bewegung eine langsame ist und hinter der Schnelligkeit des Flusses zurückbleibt, das hat seinen Grund in der Schwere des Schiffes. Die Bewegung selbst ist das Positive, zu vergleichen mit der Kraft, die Gott uns zum Handeln verleiht; die Langsamkeit, das Negative, Privative, gleicht der Trägheit der menschlichen Natur (74). Das Uebel steht also nicht eigentlich im Gegensatz zum Guten, es ist nur ein geringerer Grad der Activität, ein Mangel an Realität. Gott ist die Ursache des Materialen im Übel, d. h. der auch im Übel noch vorhandenen Activität; aber er ist nicht die Ursache des Formalen, d. h. der Verringerung jener gottgewirkten Activität (73). Hieraus folgt, dass nur die Möglichkeit, der Grund des Übels notwendig, dass einzelne, tatsächliche Übel aber zufällig ist (72).

Die Übel lassen sich in drei Kategorien einteilen.

Allgemein und unbedingt notwendig ist das metaphysische Übel, d. h. die Unvollkommenheit an sich. Sie ist der Grund sowohl des physischen, als des moralischen Übels (75).

Das physische Übel (Schmerz, Kummer und jede andere Unvollkommenheit) ist stets Missvergnügen, weil Gefühl der Unvollkommenheit (76). Es pflegt aus dem moralischen Übel (der Sünde) zu entstehen und zwar als Strafübel, wenn auch nicht immer in demselben Subjecte. Dann ist es ein malum passionis, das auferlegt wird für ein vorausgegangenes malum actionis (77).

Das physische Übel ist von dem physischen Gut nur gradweise verschieden, es besteht demnach zwischen beiden kein principieller Unterschied. Der Schmerz ist eine bemerkbare Empfindung, hervorgehend aus dem Unbehagen, d. i. kleinen unmerklichen Erregungen, die uns beständig in Atem halten. Verworrene Empfindungen bewirken, dass wir oft nicht wissen, was uns fehlt. Lust und Schmerz sind mit einander verwandt, beide entspringen derselben Quelle. Kleine, kaum zum Bewusstsein kommende Schmerzempfindungen (halbe Schmerzen) führen einen gewissen Reiz mit sich, der endlich in Lustgefühl umschlägt (78). So befindet sich der Körper nie in vollkommenem Wohlbehagen, die Natur arbeitet immer daran, kleine Hindernisse zu

entfernen und darin besteht eben die beständige Unruhe, welche
die Grundlage bildet sowohl des Schmerzes, als der Freude (78).

Das moralische Übel, die Sünde, kann nur bei den verständigen Kreaturen gesucht werden. Es ist, wie das physische
Übel nur bedingt notwendig und seine Existenz fällt gleichfalls
nur in das einzelne Individuum. Jedes moralische Übel ist ein
Schuldübel, weil Tat der freien Persönlichkeit (77). Als solches
aber ist es in Gott niemals Gegenstand eines productiven Willens,
sondern immer nur zugelassen (80). Im Grunde ist auch das
moralische Übel auf die Unvollkommenheit im allgemeinen zurückzuführen und zwar beruht es dann auf einem unvollständigen,
verworrenen Erkennen. Unsere Fehler stammen zum grössten
Teile aus dem Mangel oder der Verachtung der Kunst des
Denkens (81). So stehen bei Leibniz die ethischen Gegensätze
allenthalben mit den intellectuellen in Zusammenhang. Klares
Erkennen führt zur Tugend, unklares, getrübtes Urteil zum Laster.
Wir werden später hierauf zurückkommen.

Was nun das Übel in seinem quantitativen Verhältnis zum
Guten betrifft, so ist schon principiell zu constatieren, dass das
Gute bis ins Unendliche gehen kann und geht, das Übel aber
seine Grenzen hat, denn es ist von der absoluten Vollkommenheit
Gottes ausgeschlossen (82).

Betrachten wir aber das Übel in seinem Verhältnis zum
Universum, so finden wir, dass es in diesem bestregierten Gottesstaate nur einen ganz geringen Teil ausmacht, ja dass es wie ein
Nichts ist im Vergleich zu den vorhandenen Gütern, wenn wir nur
die wahre Grösse dieses Gottesstaates ins Auge fassen. Es giebt
eine unendliche Anzahl von Gestirnen im Universum, die gleiches
Anrecht auf vernünftige Bewohner haben, wie die Erde, wenn das
auch nicht gerade Menschen sind. So ist es denn möglich, dass
alle Sonnen nur von glücklichen Kreaturen bewohnt sind. Ja
vielleicht ist die Sternenregion von einem grossen Raume umgeben,
der, voll von Glück und Verklärung, einem Oceane gleicht, in den
alle glücklichen Kreaturen einlaufen, wenn sie zur Vollkommenheit gelangt sind. Die Erde aber ist im Verhältnis zum Universum geringer als ein physischer Punkt. Nehmen wir nun an,
dass das Übel nur auf ihr, auf diesem Minimum, vorhanden ist
so ist es wohl möglich, dass alle Übel fast nichts sind gegenüber
den Gütern, die das Universum enthält (83).

Das Universum ist harmonisch geordnet und in dieser Harmonie besteht seine Vollkommenheit. Obgleich aber das Ganze
vollkommen ist, braucht das Einzelne an sich nicht vollkommen
zu sein, es genügt, dass es dies inbezug auf das Ganze ist (84)
Ja gerade die Unordnung, der Contrast im einzelnen, erhöht die
Harmonie und Vollkommenheit des Ganzen. Gott will stets das

Ordnung; aber er ... die Einordnung in den Teilen zu, weil
... zu der Ordnung des Ganzen gehört (85). Was zur Harmonie des Ganzen beiträgt, das ist gut. Deshalb ist sogar das
moralische Übel ein Gut, zusammengenommen nämlich mit Strafe
und Buße, d. h. sobald die geschehene Verletzung wieder gut
gemacht, also die Harmonie wieder hergestellt ist. nulla enim
... ex contrariis harmonia est (86).

Man soll bei Beurteilung der Dinge den Blick ... auf
das Ganze richten. Wie es unbillig ist, ohne Kenntnis des
ganzen Gesetzes ein Urteil zu fällen, so dürfen wir bei Betrachtung des Universums nicht bloss von dem vorhandenen Übel aus
... Wir kennen von der ins Unendliche sich erstrecken-
den Welt nur einen geringen Teil. Würden wir nur auf diesen
... bei Bildung des Urteils über dieselbe, dann würden wir
Menschen gleichen, die, im Kerker oder in unterirdischen Höhlen
geboren und aufgewachsen, meinen, es gebe kein anderes Licht, als
... die ihnen dienende spärliche Leuchte, die vielleicht kaum auf
einige Schritte hin die Finsternis notdürftig erhellt. Oder bedecken
wir ein Gemälde bis auf einen kleinen Teil, was werden wir weiter
wahrnehmen, als ein buntes, kunstloses Gemisch von Farben? Und doch
... nach Entfernung der Decke ein Kunstwerk von höchster
Schönheit vor uns. Ist es anders in der Musik? Erhöhen nicht gerade die Dissonanzen den harmonischen Eindruck des Ganzen? (87).

Wir müssen also, um ein Ding richtig beurteilen zu können,
uns auf den geeigneten Standpunkt stellen, von dem aus wir das
Ganze vollständig übersehen. Wie der Astronom bei Betrachtung
des Himmels sich in die Sonne versetzt denkt, um Ordnung
in die erscheinende Verwirrung der Himmelskörper zu bringen,
so müssen wir, um die Harmonie des Ganzen zu begreifen, uns
mit dem Auge des Verstandes dahinstellen, wo wir mit dem Auge
des Leibes nicht stehen, noch stehen können (88), d. h. offenbar
in den Standpunkt, den Gott inne hat.

Gottes Weisheit und Güte wegen der Übel, denen wir unterworfen sind, in Zweifel zu ziehen, ist Thorheit. Gesetzt, ein
reicher Wohlthäter, der täglich ausserordentliche Summen ausgiebt,
um zahllose Arme zu speisen, werde des Diebstahles angeklagt.
Wird nicht die Welt über solche Anklage sich lustig machen, so
grossen Schein sie auch für sich haben mag? Nun ist Gott unendlich gütiger und weiser, folglich giebt es keinen Grund, der
gegen das Vertrauen zu ihm vorgebracht werden könnte. Wenn
etwa seine Gerechtigkeit uns in Zweifel zu setzen scheint, dann
... zu sagen, dass wir die Sachlage nicht hinreichend
kennen, um sie zu begreifen (89).

Aber nicht bloss im Universum, auch auf unserer Erde,
im Leben des einzelnen Menschen überwiegt das Gute etwa

etwa vorhandene Uebel, sowohl in physischer als in moralischer Beziehung.

Es ist nur Mangel an Aufmerksamkeit, der unsere Güter verkleinert. Wir werden oft auf ein vorhandenes Gut erst aufmerksam durch ein eintretendes Übel. Das Übel aber, weil seltener, erregt sofort um so mehr Aufsehen. Das physische Gut besteht eben nicht durchweg in einem bemerkbaren Vergnügen. Es giebt auch einen Mittelzustand, wie den der Gesundheit. Solche Güter bemerken wir fast nur, wenn wir derselben beraubt werden.

Der menschliche Körper ist so zart, so gebrechlich gebaut und doch so dauerhaft. Es ist nicht zu verwundern, dass der Mensch zuweilen krank ist, wohl aber, dass er es nicht immer ist (90).

Dass aber auch das moralische Übel durchaus nicht so allgemein und überwiegend ist, wie man anzunehmen geneigt ist, geht schon daraus hervor, dass es ja unvergleichlich mehr Häuser als Gefängnisse giebt (91). Es sind meist boshaft angelegte Naturen, oder solche, die durch das Unglück misanthropisch geworden sind, welche überall Bosheit finden und so die besten Handlungen durch ihre Auslegung vergiften und zu schlechten stempeln (92).

Das Übel ist, wie wir sahen, eine notwendige Folge der Wahl des Besten. Hieraus ergiebt sich endlich, dass selbst das Übel zur Erreichung des Besten mitwirken muss, dass es nur um grösserer Güter willen zugelassen worden und also stets als Mittel zu höheren Zwecken anzusehen ist (93). Dies gilt selbst vom moralischen Übel. Deshalb kann der Fall Adams mit Recht als eine felix culpa bezeichnet werden. Denn ohne dieselbe wäre der göttliche Erlöser nicht in die Welt gekommen (94).

Von hier aus löst sich auch die Schwierigkeit der Frage, warum der Gute so oft leiden muss, während der Gottlose im Glücke schwelgt: die Bedrängnisse der Guten verwandeln sich für dieselben in um so grössere Güter. Sie sind für die Gegenwart wohl Übel, in ihrer Wirkung Güter und bilden so den abgekürzten Weg zu grösserer Vollkommenheit. Das Übel gleicht dem Getreidekorn, das erst in der Erde verwesen muss, um Frucht zu bringen. Gerade die Zerstörung und Unterdrückung dient zur Entfesselung verborgener Kräfte und zur Erreichung eines Höheren (95).

Was nun ferner das Glück des Gottlosen betrifft, so ist das Gut, das er besitzt, jedenfalls nur ein scheinbares und der Ordnung der Dinge gemäss Quelle eines grösseren Übels. Und insofern ist das Gut nicht eigentlich ein Gut, sondern ein Übel zu nennen, denn es beraubt eines grösseren Gutes (96).

Betrachten wir endlich die kurze Dauer der Übel dieser Welt, so müssen wir sie mit dem Apostel Paulus gering achten der ewigen Glückseligkeit gegenüber, welche uns, die wir der Unsterblichkeit teilhaftig sind, bereitet ist (07L

So ist nach Leibniz das Vorhandensein des Übels in der Welt in jeder Beziehung gerechtfertigt und mit dem Gedanken einer besten Welt vollkommen vereinbar.

Wir können aber dieser Argumentation nicht beistimmen, haben vielmehr ähnliche Widersprüche aufzudecken, wie wir sie bei Leibnizens Freiheitsbegriff vorfanden.

Was zunächst seine Lehre von der besten Welt anlangt, so müssen wir bemerken, daß mit dem wahren Gottesgedanken allerdings der Begriff einer besten Welt unauflöslich verbunden ist. Hätte Gott eine weniger vollkommene geschaffen, so hätte er gegen seine eigene Natur gehandelt, denn diese will stets das Beste. Handelt aber Gott gegen seine Natur, indem er minder Vollkommenes hervorbringt, dann verliert er seine göttlichen Prädikate, dann stürzt der ganze Gottesbegriff in sich zusammen. Folglich ist die beste Welt nicht blos moralisch, sondern metaphysisch notwendig. Sie ist die einzig mögliche, alle anderen „möglichen Welten" aber fallen in das Bereich der Unmöglichkeit.

Wenn ferner Leibniz auch das moralische Übel im Grunde auf das metaphysische zurückführt, auf die Unvollkommenheit der menschlichen Natur im allgemeinen, so muß er bei consequenter Durchführung dem Menschen Schuld und Verantwortung absprechen. Denn der Mensch ist ebensowenig wie Gott Ursache der unvollkommenen Beschaffenheit seiner Natur, der gemäß er zu handeln bestimmt ist.

Leibniz nimmt an, das Übel sei nur an diese Erde geknüpft. Diese Annahme ist aber nicht berechtigt, denn sofern alle Kreatur geschaffen, ist sie unvollkommen und beschränkt und so mehr oder weniger dem Übel unterworfen.

Wenn weiter das Übel, weil Mittel zu einem höheren Zwecke, gar nicht als Übel, sondern vielmehr als Gut anzusehen ist und in den Augen Gottes sich geradezu als solches darstellt: warum ist es dann nicht, wie jedes andere Gut, Gegenstand des göttlichen Willens? warum ist es dann blos zugelassen?

Bei Beurteilung des Übels in der Welt sollen wir uns auf den Standpunkt Gottes stellen und stets das Ganze ins Auge fassen. Aber vermögen wir das? Müßten wir nicht dann auch den göttlichen Verstand und lauter adäquate Ideen besitzen? Ein geringer Einblick in die Harmonie des Alls mag uns vergönnt sein, das Ganze zu durchdringen ist unserem beschränkten Verstande unmöglich. Mag auch in Gottes Augen das Übel sein

Bedeutung als Übel verheeren, in den Augen des Menschen aber, für sein endliches Bewusstsein, bleibt es ein solches, weil er es als solches empfindet.

Kurz, so lobenswert und geistreich der Versuch Leibnizens ist, das Dasein des Übels in der Welt zu erklären und zu rechtfertigen als vereinbar mit dem Gedanken einer besten Welt, es gelingt ihm nicht. So müssen wir vielmehr Kant beistimmen, der jede Theodicee vom rein philosophischen Standpunkte aus als unmöglich bezeichnet. In der Schrift „Versuch einiger Betrachtungen über den Optimismus" kommt er zwar betreffs der besten Welt zu demselben Resultate, wie Leibniz. Er sagt: darum, weil Gott diese Welt unter allen möglichen, die er kannte, allein wählte, muss er sie für die beste gehalten haben und weil sein Urteil niemals fehlt, so ist sie es in der Tat. In der Abhandlung aber, „Über das Misslingen aller philosophischen Versuche in der Theodicee" bekämpft er die Versuche, Gott von der Urheberschaft des moralischen Übels durch Vernunftgründe befreien zu wollen. Zwei Stellen heben wir daraus hervor, die zwei Argumente Leibnizens widerlegen. Wenn Leibniz die Wirklichkeit des moralischen Bösen zwar anerkennt, den Welturheber aber damit entschuldigt, dass es nicht zu verhindern möglich gewesen sei, weil es sich auf die Schranken der Natur der Menschen als endlicher Wesen gründe; so erwidert Kant: aber dadurch würde ja jenes Böse selbst gerechtfertigt werden und man müsste, da es nicht als Schuld der Menschen ihnen zugerechnet werden kann, aufhören, es ein moralisches Böse zu nennen. Sagt aber gleichwohl Leibniz, dass auf dem Menschen wohl mit der Sünde auch die Schuld ruhe, nie aber Gott solche beizumessen sei, weil er das moralische Böse aus weisen Gründen bloss zugelassen, keineswegs aber für sich gebilligt und gewollt oder veranstaltet habe; so entgegnet Kant: das läuft (wenn man auch an dem Begriff des blossen Zulassens eines Wesens, welches ganz und allein Urheber der Welt ist, keinen Anstoss nehmen will) doch mit der vorigen Apologie auf einerlei Folge hinaus, nämlich dass, da es selbst Gott unmöglich ist, dieses Böse zu hindern, ohne anderweitigen höheren und selbst moralischen Zwecken Abbruch zu tun, der Grund dieses unvermeidlich in dem Wesen der Dinge, nämlich den notwendigen Schranken der Menschheit als endlicher Natur, zu suchen sein müsse, mithin ihr auch nicht zugerechnet werden könne (98).

c) Das Gut.

Das ganze Universum ist, wie wir schon erwähnten, nach Leibnizens Anschauung zweckmässig eingerichtet. Diese Erkenntnis ist bedeutungsvoll und nützlich. In der Physik nämlich dient der

Zweckbegriff zur Aufstellung verborgener Wahrheiten; in der Ethik und natürlichen Theologie zur Erweckung von Tugend und Religiosität (99).

Welches ist nun aber der Zweck des ethischen Handelns?

Der Wille des Menschen hat stets einen Gegenstand zum Ziel, den er zu erreichen strebt. Dieser Gegenstand ist für uns ein Gut, dessen Besitz uns Freude gewährt und unser Wohlbefinden fördert. Unser eigenes Wohl also, wahr oder vermeintlich, ist Zweck aller unserer freiwilligen Handlungen (100).

Nicht immer ist das Gut, das wir erstreben, ein wahres. Wir sahen früher, dass das instinktive Handeln des Menschen an sich nicht immer und unwiderstehlich zur Sittlichkeit führt. Schon von Natur ist das eine Individuum mehr zum Guten, als zum Bösen geneigt, das andere umgekehrt, je nach Temperament und Gemüt (101). Aber auch die Vernunft führt nicht unbedingt zur Sittlichkeit, sonst müssten alle Menschen sittlich sein. Die Vernunft kann auf falsche Bahn geleitet werden. Man überzeugt sich leicht von dem, was man wünscht, indem man einen starken Eindruck einerseits auf sich wirken lässt (102). So entstehen Gewohnheiten und Leidenschaften, die grossen Einfluss auf unsere Entscheidung haben. Sie sind im Grunde auf die schwachen Personen, also auf unsere natürliche Anlage zurückzuführen (103). Die Leidenschaft ist stets von dem Gefühle der Lust oder Unlust begleitet und infolgedessen mit Hoffnung oder Furcht verbunden. Sie bezieht sich aber immer auf gegenwärtige Befriedigung und vernachlässigt die Zukunft. Sie geht deshalb über in Verzweiflung wenn ihr unbedachtes Streben auf ein plötzliches Hindernis stösst. Heftiger Kampf und viel Unlust oder auch Unsicherheit und Gefühllosigkeit ist die Folge (104). Je grösser eine Leidenschaft ist, um so mehr nähert sie sich dem Wahnsinn (105).

Das Gefühl des Vergnügens, das in der Idee ruht, sich von einer erfahrenen Schmach befreit zu sehen, führt zur Rache (wohl zu unterscheiden vom Zorn, der eine gewaltsame, aber berechtigte Anstrengung ist, sich eines Übels zu entledigen. Bleibt der Gedanke der Rache bei kaltem Blute, so geht sie über in Hass (104).

Auch bei all seinem lieblosen hässlichen Handeln strebt der Mensch nach Verwirklichung eines Gutes, aber nur eines scheinbaren. Dieser Schein beruht auf dem Vorurteil eines getrübten Verstandes. Vor dem klaren Denken verliert jenes vermeintliche Gut seinen Wert.

Worin aber besteht der Wert eines Gutes?

Jedes Gut bereitet uns ein gewisses Lustgefühl, d. i. ein Gefühl der Vollkommenheit. So lange diese Lust nur etwas Momentanes ist, das erlangte Gut also nur für die Gegenwart Befriedigung gewahrt, so lange kann es nicht das Endziel unseres Strebens sein. Denn all unser Streben ist im Grunde auf dauernde Befriedigung gerichtet, d. h. auf Glückseligkeit, und darin allein besteht die Natur des wahren Gutes. Leidenschaftliches Handeln richtet sich nur auf die Gegenwart, das wahre Gute aber liegt stets in der Zukunft; denn das wahre Glück finden wir nur in einem steten Fortschritt von einem niederen Gute zu einem höheren (107). Müssten wir in demselben Lustgefühle verharren, so würde uns dasselbe bald anekeln. Deshalb muss das Lustgefühl von Zeit zu Zeit unterbrochen werden, um dann neuen Reiz und erhöhte Freude zu gewähren. Darin besteht eben die lex laetitiae. Der beständige Genuss von Süssigkeiten führt zum Überdruss; mischen wir aber Herbes, Scharfes, ja Bitteres bei, dann wird der Geschmack erhöht. Wer das Herbe nicht gekostet hat, verdient das Süsse nicht, ja er vermag nicht einmal dessen Reiz zu schätzen. Erst nach einer Krankheit, nach überstandenen Gefahren erfreuen wir uns doppelt unserer Kraft und Gesundheit (108).

Das wahre Gut, das wahre Glück ist also nie bloss auf die Gegenwart beschränkt und nie vollständig abgeschlossen. Aber eben dieser Fortschritt bewirkt das Gefühl der Vollkommenheit, welches nichts anderes ist, als ein Gefühl der Harmonie.

Das Universum ist harmonisch geordnet und darin besteht seine Vollkommenheit. So verschiedenartig die einzelnen Teile auch beschaffen sind, sie stimmen zusammen zu einem grossen, einheitlichen Ganzen. Werden wir uns dieser Einheit bei aller Verschiedenheit bewusst, so haben wir einen Einblick in die allgemeine Harmonie gewonnen. Auf dieselbe geht jede Ordnung und Regelmässigkeit zurück (109).

Auch wir tragen in uns eine kleine Welt. So lange dieselbe nicht harmonisch gestaltet ist, so lange fehlt uns das wahre Glück. Unser Inneres ist ein Tummelplatz unzähliger Strebungen, die verwirklicht sein wollen. Fleisch und Geist liegen in beständigem Kampfe (110). Der Wille des Menschen schwankt zwischen beiden hin und her. Er gleicht der Wage: auf der einen Seite die Leidenschaften, auf der anderen die Vernunft (111). So lange dieser Kampf in unserer Seele wogt, fühlen wir keine wahre Befriedigung. Ebenso wenig, wenn die Leidenschaften siegen. Nur wenn die Vernunft die Oberhand behält, können wir zu dauerndem Glück, d. h. zur Harmonie mit uns selbst und mit dem Universum gelangen. Nur dann werden wir uns unserer Einheit bei aller Vielheit der uns bewegenden Empfindungen und Leidenschaften bewusst (109).

Dies ist der Eudämonismus Leibnizens, der in seiner Beziehung auf ein edles, selbstloses Lustgefühl verwandt ist mit dem des Aristoteles, aber in strengem Gegensatz steht zu den Anschauungen Kants.

Kant gründet alles ethische Handeln auf den kategorischen Imperativ, auf das unbedingt in uns wirkende Soll. Wer bei seinem Tun einen Zweck im Auge hat, z. B. auch die (eigene oder allgemeine) Glückseligkeit, der handelt egoistisch. Egoismus aber ist nicht sittlich. Deshalb hat in der Ethik Kants der Zweckbegriff keinen Raum.

Wir aber meinen, daß ein Glückseligkeitsstreben im Sinne Leibnizens durchaus nicht als Egoismus bezeichnet werden darf, wenigstens nicht als Egoismus im gewöhnlichen Sinne des Wortes; denn das ist niedrige Selbstsucht, die weder von einem geistigen Lustgefühle, noch von einer Beziehung zum Universum etwas weiß, sondern lediglich das eigene Ich und dessen sinnliche Bedürfnisse im Auge hat.

Das wahre Gut also, welches allein der Gegenstand des sittlichen Strebens sein kann, ist ein dauerndes Glückseligkeitsgefühl.

Warum aber verschmähen so viele Menschen, der Vernunft zu folgen, die allein ihnen das höchste Gut erreichen hilft? Der Grund liegt zum guten Teil darin, daß ihre Gedanken betreffs gewisser Gegenstände so zu sagen blind sind (cogitationes caecae) d. h. man ist sich des Inhaltes dieser Gedanken nicht bewußt und nimmt sich auch nicht die Mühe, sie zu analysieren, obgleich man das könnte. So reden und denken die Menschen zum großen Teile von Gott, Tugend und Glückseligkeit ohne bestimmt ausgeprägte Vorstellungen. Diese Art der Erkenntnis aber hat nichts Lebendiges und bleibt folglich ohne die nötige Wirkung. Wenn wir also das Schlechtere vorziehen, so geschieht dies, weil wir das darin enthaltene Gute empfinden, ohne uns der begleitenden Nachteile oder eines anderen größeren Gutes bewußt zu werden (110). Ja es giebt Menschen, die von dem größeren Gute volle Kenntnis haben und doch den sie bewegenden Leidenschaften folgen (112). Die Wahrheit in ihrer Nacktheit ist ihnen unangenehm und deshalb fühlen sie gar kein Verlangen nach ihr. Sie gefallen sich in ihrem Irrtum (113).

3. Tugend- und Pflichtenlehre.

Wie kann nun im Gegensatz zur unvollkommenen, sündhaften Natur des Menschen ein Streben nach dem höchsten Gute, oder wahren Glückseligkeit aufrecht erhalten und verwirklicht werden? Diese Frage beantworten wir, indem wir Leibnizens Tugend- und Pflichtenlehre ins Auge fassen, die uns zeigt, wie in Gesinnung und Tat der durch den Verstand geleitete Wille sich Bahn bricht zur Glückseligkeit, zu dem Stande einer beständigen Freude (114).

a) Die Begriffe „Tugend" und „Pflicht".

Unter Tugend versteht Leibniz mit Aristoteles die Gewohnheit, Angelegtheit (ἕξις, habitus) sittlich, d. h. vernunftgemäss zu handeln (115). Das Gegenteil ist das Laster, es ist ein Mangel an sittlicher Kraft, ein Hindernis, das zu überwinden ist (116). Tugend und Laster verhalten sich zu Pflicht und Sünde, wie Gewohnheit zur einzelnen Handlung, wie der habitus zum actus (117).

Die Tugend bezieht sich also stets auf das Innere, auf die Gesinnung. Diese Gesinnung, Neigung durch den Verstand ausgedrückt, wird zur Vorschrift (118). Massstab der Tugend ist demnach die unveränderliche Vernunftregel, die Gott in unser Inneres gelegt hat und kraft deren wir die Wahrheit einer Sache erkennen (119).

Ebendeshalb hängt die Tugend nicht von der Meinung der Leute ab, sondern von der Wahrheit. Tugend ist nicht alles, was man lobt, sondern nur, was in der Tat lobenswert ist. Die Gesetze der Sittlichkeit gelten allgemein und sind wohl zu unterscheiden von bloss menschlichen Einrichtungen und Satzungen. Sie sind tief in der menschlichen Natur begründet. Darum verstehen die Menschen unter Tugend und Wahrheit das, was der Natur entspricht. Nur täuschen sie sich oft in der Anwendung, doch nicht so oft, als man denkt, da das, was sie loben, gewöhnlich in gewisser Hinsicht gelobt zu werden verdient. Es giebt Meinungen, die für Wahrheiten gelten und es doch nicht sind, weil sie nur Wirkungen der Gewohnheit und Leichtgläubigkeit, nicht aber in der Vernunft und in der Natur begründet sind. Ebenso findet aber infolge ungenügender Erkenntnis das Umgekehrte statt, dass man gut begründete Wahrheiten für Vorurteile hält (117).

Anmerkung.

Die Abhandlung „de vita beata", welche als den Weg zu einem glückseligen Leben die Befolgung dreier Tugenden, der sapientia, der virtus und der tranquillitas animi bezeichnet und diese drei in der generositas zusammenfasst, ist, wie Trendelenburg überzeugend nachweist, keine Schrift, die Leibnizens eigene Anschauungen darbietet, sondern nur „eine Sammlung und Zusammenreihung zerstreuter Stellen, die sich teils in Briefen und Vorreden, teils in den Meditationen, teils in den Principien der Philosophie und den Büchern de passionibus des Cartesius finden." Leibniz tritt also aus der Schrift vollständig zurück und deshalb können wir sie bei unserer Darstellung nicht berücksichtigen. Es war, wie Trendelenburg bemerkt, Leibnizens Gewohnheit, was er las zu excerpieren und kurz zusammen zu fassen (120).

Es besteht allerdings in den Grundanschauungen ein gewisser Zusammenhang zwischen dieser Schrift und Leibnizens eigenen

Anschauungen. Durch ... So ist z. B. die Tugend ... als eine Kraft des Geistes, durch welche wir zur Voll... ..., was wir für gut halten, bestimmt werden." So sagt aber Leibniz nie. Denn damit wäre auf eine subjective ... ..., was gut ist, hingewiesen. Die Sittlichkeit hat aber ... Leibniz eine objective Norm (120).

b) Der Sieg des Geistes.

Tugendhaftes Handeln ist also im Grunde nur da möglich, ... der Verstand geschärft und der Wille ... ist, dass er sich nach vernünftigen Gründen bestimmt und den Leidenschaften ...

Wie aber können wir solches erreichen?

Fassen wir zunächst einige allgemeine Vorschriften ins Auge, die Leibniz zu diesem Zwecke giebt

Er betont vor allem die Wichtigkeit der Erziehung. Sie ... eine zweite Natur, so mächtig (121). Deshalb muss sie in ... Art geregelt werden, dass man die wahren Güter und die wahren Übel so viel als möglich zur Empfindung bringt. Tugend und Wahrheit besitzen Reize stark genug, dass man sie liebe und ... zu erlangen strebe. Man muss die Jugend daran gewöhnen, der Tugend und der Wahrheit zu folgen. Sie müssen ihnen zum ... ja zur Gewohnheit werden, wie dem Trunkenbold das Trinken (122).

Durch Erziehung, Umgang und Lebensweise kann der Mensch ebensowohl gebessert und gefördert, als verderben ... Ist der Mensch in schlechten Umgang geraten, hält ihn eine üble Neigung gefangen, so will er sich durch Rückzug in die Einsamkeit davon befreien Gefährlichen ... Vergnügungen muss man irgend ein anderes unschuldiges Vergnügen, wie Ackerbau Gärtnerei entgegensetzen, man muss den Müßiggang fliehen, kurz die Regungen in seinem Inneren als Gottes Stimme betrachten, die uns auffordert, wirksame Beachtung zu ... (123) Alle guten Regungen, alle sittlichen Triebe, wie das Gefühl des Anstandes, der Schicklichkeit und des guten ..., ... u. s. w. ruhen ... instinctiv in uns. Man muss ihnen aber seine Aufmerksamkeit zuwenden, sie von anderen weniger guten Regungen unterscheiden und ihnen vorziehen (124).

Wir sollen uns für die Zukunft Gesetze und Regeln machen und diese ... mit Strenge durchführen. Jeder Grundsatz dient dazu, das Gedächtnis von einer Menge von besonderen Vorstellungen zu entlasten. Es bringt Einheit in die Vielheit. Je einheitlicher und einfacher aber eine Sache ist, um so leichter begreifen und fassen wir sie, ... leichter ... als in die ... zurück. Denn ... der Natur ... Grundtrieb ... Ein grosser Teil der moralischen Wahrheiten und Sentenzen lehrt uns nichts Neues, veranlasst uns aber, an das, was wir wissen von neuem zu denken (125). So sollen wir denn stets überlegen, uns die Bilder grösserer künftiger Übel oder Güter vor Augen halten und allein dem, was wir als das Wahre, Beste erkannt haben, folgen. Zwei Regeln: Bedenke wohl! (dein Tun, damit du dir neue Grundsätze für die Zukunft bilden kannst,) und: Sei eingedenk! (der Grundsätze, die du dir früher gebildet hast,) führen zu einer vernunftgemässen Freude und zu einer erleuchteten Lust.

Es gilt also unter allen Umständen die Freiheit des Geistes zu wahren. Wir müssen uns gewöhnen, an gewisse Dinge nur im Vorübergehen zu denken, diejenigen Gedanken aber festzuhalten, deren Verbindung nicht der Zufall (d. i. die unmerklichen und zufälligen Eindrücke), sondern die Vernunft hergestellt hat.

Von Zeit zu Zeit müssen wir uns sammeln, über den Tumult der Eindrücke uns erheben und uns fragen: die, cur hic? respice finem! (122)

So hat denn allerdings der Geist nicht eine volle, directe Macht, seine Leidenschaften zu zügeln, wohl aber kann er sich ihnen widersetzen indirect durch Gewöhnung und durch den Gebrauch der Vernunft (126).

Bezeichneten wir nun den, der sich durch die Vernunft bestimmen lässt, als frei, so ist der, welcher seinen Leidenschaften folgt, in der Tat unfrei und ein Sklave zu nennen. Die Sklaverei der Leidenschaften aber ist eine innere, ein Hindernis, das der Freiheit entgegengesetzt wird (127).

c) Die Gottesliebe.

Wir haben bisher gesehen, dass das wahre Glück in dem Streben nach Vollkommenheit besteht und dass wir dahin nur durch vernünftiges Handeln gelangen können. Nun besitzt aber Gott allein die höchste Vollkommenheit. Kann es also einen geeigneteren und sichereren Weg zur Vollkommenheit geben, als indem wir die göttlichen Vollkommenheiten erkennen lernen? Gott erkennen aber heisst nichts anderes, als ihn lieben. So lieben wir denn Gott über alle Dinge, wenn wir unser wahres Glück in die Kenntnis setzen, die wir von seinen Vollkommenheiten und von seiner höchsten Glückseligkeit haben können (128).

Diese Gottesliebe aber ist die erste, die Grundtugend, denn sie allein ist der sichere Weg zum höchsten sittlichen Gute. Deshalb definiert Leibniz die Tugend auch als „eine Neigung nach dem Verstande zu wirken und folglich alles zum rechten Endzweck, d. i. zur wahren Erkenntnis und Liebe Gottes zu richten" (129).

Es ist überhaupt nicht möglich, im wahren Sinne des Wortes tugendhaft zu leben, ohne Gott zu kennen, welcher die Quelle aller Reinheit und Vollkommenheit ist.

Allerdings kann es eine gewisse scheinbare Tugend geben, die keine Beziehung auf Gott hat. Ein Atheist kann ein moralisch guter Mensch sein aus Temperament oder Gewohnheit oder aus einem gewissen Vorurteile. Er wird sich aber nie auf einen so erhabenen Standpunkt emporschwingen können, dass er in der Tugend ein so grosses Vergnügen und in dem Laster eine so grosse Hässlichkeit findet, wie sonst in keiner Freude und keiner Widerwärtigkeit dieses Lebens. Er ist eben nur von irdischen Rücksichten geleitet und kann alles nur auf eine gegenwärtige Zufriedenheit beziehen. Die Seelenruhe, die er besitzt, kann man nur erzwungene Geduld nennen (130).

Wer aber weiss, dass es eine unsterbliche Seele giebt, der wird sein Streben auf solche Vollkommenheit richten, die auch nach dem Tode bleibt (129). Zu dieser aber gelangen wir nur durch die Erkenntnis und Liebe Gottes. Das erste Gebot der Tugend ist also: Gott zu lieben. Um aber recht zu verstehen, was das heisst, müssen wir den Begriff der Liebe überhaupt erörtern.

„Lieben" heisst Vergnügen finden an den Vollkommenheiten, an dem Wohle oder Glücke des geliebten Gegenstandes und vom Schmerz ergriffen werden über das, was diesen Vollkommenheiten entgegen sein kann. Diese Liebe findet sich im eigentlichen Sinne nur bei Substanzen, die für das Glück auch empfänglich, d. h. mit Vernunft begabt sind. In gewissem Sinne kann man allerdings sagen, man liebt ein Gemälde, wenn man Vergnügen daran findet, es zu betrachten und wenn man Schmerz darüber empfindet, es entstellt zu sehen, zumal wenn es einem anderen gehörte. Der Gebrauch der Worte ist eben wandelbar und es ist erlaubt, den Sinn der Ausdrücke zu erweitern.

Die wahre Liebe ist losgelöst von jeglichem auf den eigenen Nutzen gerichteten Interesse. Bleiben wir beim Bilde. Derjenige, der allein den Gewinn im Auge hat, der aus dem Verkaufe des Gemäldes für ihn erwächst, ohne sich darum zu kümmern, ob es befleckt wird oder nicht, wenn es ihm nicht mehr gehört, ein solcher hat keine wahre Liebe. So darf man auch, wenn man eine Person aufrichtig liebt, dabei nicht einen eigenen Nutzen suchen, noch auch ein Vergnügen, das losgelöst wäre von dem der geliebten Person, sondern man sucht sein Vergnügen eben in dem Glücke, in der Befriedigung dieser Person. Erstreben wir unsern eigenen Vorteil allein, dann ist unsere Liebe keine reine

Grundzug der wahren Liebe ist also das selbstloseste Wohlgefallen an dem geliebten Gegenstand. Davon ist nie zu trennen
ein Gefühl der Befriedigung und des Glückes, das aus dem geliebten Gegenstand auf uns übergeht (131).

Diese uneigennützige Liebe kann man mit den Theologen
und vielen Philosophen auch Liebe des Wohlwollens nennen.
Sie hat stets nur das Wohl des anderen im Auge, so allerdings, dass
unser eigenes Wohl von selbst dadurch vermehrt, erhöht wird.

Die andere Art der Liebe ist die des Begehrens. Sie
ist stets mit irgend welchem Interesse verbunden, wenn dies auch
noch auf eine erlaubte Weise der Fall sein kann und besteht in
der Rücksicht auf unser eigenes Wohl, das dem des anderen
vorgezogen wird (132).

Liebe im eigentlichen Sinne ist nur die ersterwähnte. Nur
diese strebt darnach, den geliebten Gegenstand in seiner ganzen
Eigentümlichkeit zu erhalten: appetitus unionis non est amor.
Man sagt gewöhnlich, dass man Speisen liebt, durch deren Geschmack man ergötzt wird. Aber dann müssen wir auch sagen,
der Wolf liebt das Lamm. Fleischliche, sinnliche Liebe hat nichts
mit der wahren Liebe zu tun: amor ergo venereus toto genere
differt a vero (133).

Der Grund endlich der Liebe im allgemeinen ist der Trieb
der Sympathie und Antipathie, der Instinct der Vereinigung und Trennung, den wir auch bei den Tieren finden (134).

Die höchste Liebe, von der wir erfüllt sein können und
sollen, ist die Liebe zu Gott, denn er allein besitzt die höchsten
Vollkommenheiten. Aber auch die wahre Liebe zu Gott muss
selbstlos sein (amour désintéressé, amor non mercenarius).
Nur das reine Wohlgefallen an den göttlichen Vollkommenheiten
darf uns zur Gottesliebe treiben. Jede andere Liebe zu Gott ist
nicht die reine und aufrichtige (135). Sie muss losgelöst sein von
Hoffnung wie von Furcht, von jeder Rücksicht auf irgend einen
Nutzen (136). So ist z. B. die Liebe zu Gott, die sich auf seine
Wohltaten gründet, ohne dass wir seiner Vollkommenheiten
gedenken, ein geringerer Grad von Liebe, denn sie ist nicht ohne
Interesse und hat so nicht alle Bedingungen der reinen Liebe.
Wohltaten verpflichten bloss, bewirken noch keine Achtung und
Liebe. Nur die genaueste Bekanntschaft mit einer Person kann
zur Liebe führen, die stets mit Achtung verknüpft ist. Kennen
wir also den Wohltäter nicht, dann können wir auch nicht von
Liebe reden (137).

Allerdings ist die wahre Gottesliebe nie getrennt von unserem
eigenen Wohle. Die Betrachtung der göttlichen Vollkommenheiten
erfüllt uns stets mit Vergnügen. Aber dies ist doch nicht von

uns beabsichtigt, sondern es ist die unbewusste, unmittelbare Folge unserer Liebe (135).

Aber auch bei dem bloßen Vergnügen bleibt es nicht. Die Liebe zu Gott ist nie unfruchtbar und darin eben beruht ihr großer Wert für die Sittlichkeit.

Die Erkenntnis der göttlichen Vollkommenheiten, d. i der höchsten Weisheit, Güte und Gerechtigkeit, ist stets eine practische, d. h. sie veranlasst uns alsbald, die von uns erkannten Vollkommenheiten in der Wirklichkeit darzustellen, also gleich Gott mit Weisheit, Güte und Gerechtigkeit zu handeln (138). Diese unsere Vollkommenheiten sind von denen Gottes nur gradweise verschieden. Er ist der Ocean, aus dem wir einige Tropfen empfangen haben. Handelt er stets vollkommen, so besteht unsere Vollkommenheit in dem steten Streben, die göttliche nachzuahmen. Durch die Liebe zu Gott wird unser Handeln zu einem wahrhaft tugendhaften. Wir finden Vergnügen an guten Handlungen im Hinblick auf Gott als das Centrum. Kurz die Liebe zu ihm ist alle erfolgreichste, die wir uns denken können, denn nichts ist glücklicher als Gott und nichts schöner und der Liebe würdiger als er. Und es gibt keine höhere Glückseligkeit als die in dieser Erkenntnis ruhende (139).

Man kann also der Liebe den Begriff des Vergnügens und des Practischen nicht nehmen, ohne ihren Begriff überhaupt zu zerstören (140). Wir gelangen zur Vollkommenheit nur durch stete Tätigkeit. Durch dieselbe aber findet eine „Erhöhung unseres Wesens“ statt d. i. eine Kraftconcentration, die immer das Gefühl der Einheit, also der Harmonie mit sich führt. In diesem unseren erhöhten Kraftbewusstsein erst haben wir eine „beständige Freude“ (140).

Diese practische Seite der Gottesliebe ist zu betonen gegen jede Trägheit und tatenlose Ruhe. Schon im allgemeinen ist Activität immer Vollkommenheit, dagegen Passivität stets etwas Unvollkommenes. Da nun die Ruhe oder Trägheit Mangel oder Negation der Tätigkeit ist, so ist sie ebenfalls ein Unvollkommenes und infolgedessen vom Tugendbegriff auszuschließen (141). Deshalb ist jede Art von Quietismus als Verirrung zu bezeichnen. Es ist eine Illusion, die Vereinigung mit Gott auf die Untätigkeit zu gründen, da vielmehr erst durch wiederholte Acte und häufige Übung der göttlichen Tugenden unsere Einigung mit Gott vollzogen und aufrecht erhalten wird (142).

Soll der Mensch aber immer tätig sein, die in ihm ruhenden göttlichen Vollkommenheiten auszuwirken, so ist damit auf die Zeit als eine der wertvollsten natürlichen Güter des Menschen hingewiesen. Sie in würdiger, zweckerfüllter Weise anzuwenden, das ist Tugend. „Nur so viel ist unser Leben für ein wahres

Leben zu schätzen, als man darin wohltut. Der nun viel wohltut
in kurzer Zeit, ist dem gleich, so tausend Mal länger lebt. Eine
Stunde, darin man etwas Herrliches ausgerichtet hat, ist besser als
viele Stunden, so man vergebens zugebracht. Also dass auch ein
kurzes Leben voll tapferer Taten für höher als ein hundertjähriges
Alter eines untauglichen Menschen zu halten" (143).

Der Begriff der Liebe ist also im Grunde der des allgemeinen Wohlwollens (caritas, charité). Reden wir von Liebe
im allgemeinen, so verstehen wir darunter immer einen habitus
amandi s. diligendi, eine Disposition oder Inclination zur Liebe.
Die Liebe im besonderen aber (amour) ist der einzelne Actus
oder der active Zustand der Seele, der uns Vergnügen finden lässt
an dem Glücke des anderen (144).

d) Gerechtigkeit und Weisheit.

Die caritas entspricht der göttlichen Güte, die sich in unendlich vollkommenem Grade auf alle Kreaturen, besonders aber
auf die vernünftigen (nicht bloss die Menschen, sondern alle Geister)
erstreckt. Die Güte in Verbindung mit der Weisheit führt zur
Gerechtigkeit, deren höchster Grad die Heiligkeit Gottes ist (145).

Die Gerechtigkeit, wie sie Gott übt, ist eine universale
(justitia universalis). Wir wissen uns nämlich alle in einem
höchst vollkommenen Staate wohnhaft unter einem Monarchen,
den man wegen seiner Weisheit nicht täuschen und dem man
wegen seiner Macht nicht entgehen kann. Dieser nun, der uns
auch eine unsterbliche Seele gab, hat bestimmt, dass alles Ehrbare
nützlich, alles Schimpfliche schädlich sei. Durch die Macht und
Weisheit dieses göttlichen Regenten wird bewirkt, dass alles Recht
in Tat übergeht, dass niemand verletzt wird, ausser durch sich
selbst, dass keine Guttat ohne Belohnung, kein Verbrechen ohne
Strafe bleibt. Nichts wird in diesem göttlichen Staate vernachlässigt: alle Haare auf unserem Haupte sind gezählt, keinen
Dürstenden erquicken wir umsonst. Kurz, gemäss dem Gesetze
der justitia universalis, wie sie im Gottesstaate gehandhabt wird,
erhält jeder von der Vollkommenheit des Universums einen Teil
und zwar nach Massgabe seiner Vernunft und seiner Willfährigkeit
gegen das Gemeinwohl. Eben diese Gerechtigkeit aber, die
Weisheit und Güte in sich vereinigt, ist es, die uns den göttlichen
Monarchen so liebenswert macht, dass wir es als ein Glück betrachten, ihm zu dienen (146).

Diese Gerechtigkeit aber hängt nicht etwa von den will-
kürlichen Gesetzen eines Höheren ab, sondern von den ewigen
Regeln der göttlichen Weisheit. Sie ist also unwandelbar (147).
Jedes wahre Gesetz ist demgemäss nicht Ausfluss der Willkür,
sondern eine Vorschrift der Weisheit (148).

"Stat pro ratione voluntas" (voluntas im Sinne der Willkür), das kann nur der Wahlspruch eines Tyrannen, nie aber des weisen und gütigen Gottes sein (147).

Die justitia universalis erkennen wir vermöge der Liebe zu Gott. Haben wir sie aber erkannt, dann werden wir getrieben, sie nachzuahmen. So können wir nun nach der practischen Seite als die vornehmste Tugend die Gerechtigkeit bezeichnen.

Die Gerechtigkeit, die wir Menschen üben können und wollen, ist demnach zu definieren als die caritas sapientis d. i. das allgemeine Wohlwollen, von dem der Weise gegen jedermann erfüllt ist. Weise ist der, welcher den Gesetzen der Weisheit, d. h. der Wissenschaft von der wahren Glückseligkeit folgt.

Der Weise ist also darauf bedacht, sich in einen glücklichen Zustand zu versetzen, d. h. je vollkommener und vollkommener zu werden. Deshalb genügt ihm eine mit wenigem zufriedene ruhige Seele nicht, denn eine solche können auch die Dummen haben. Er erstrebt immer das Höchste (149).

Wenn Leibnitz sagt, nur der Weise könne sittlich handeln, so meint er natürlich nicht einen mit hohem Wissen ausgestatteten Gelehrten, auch nicht einen, der durch philosophische Studien zu tiefer Erkenntnis des Weltgeheimnisses gelangt zu sein glaubt. Er spricht vielmehr von einer Weisheit, die auch dem Einfältigsten (in des Wortes gutem Sinne) zugänglich ist. Sonst könnte ja nur der geringste Teil der Menschheit wahrhaft tugendhaft handeln. Es leuchtet auch ein, dass jeder wahre Christ — und das kann auch der Geringste sein — ein solcher Weiser im Leibniz'schen Sinne ist.

Die Gerechtigkeit ist wie die Liebe ein „habitus seu status confirmatus". Nicht in dem Sinne allerdings, als ob dieser Zustand überhaupt nicht geändert werden könne — der Mensch ist ja nicht unfehlbar —; aber es ist dies nicht leicht möglich, denn die Gerechtigkeit wird so zu sagen dem Weisen zur zweiten Natur. Deshalb ist es absurd, von dem Gerechten anzunehmen, dass er etwas Schlechtes tun könne. Das würde einfach einen Widerspruch einschliessen. Der Starke kann wohl einen Unschuldigen töten, nie aber der, welcher stark und weise zugleich ist. Ihm sind die Hände zum Verbrechen wie von einer höheren Hand gefesselt (150).

Der Gerechte ist stets zugleich fromm, eben weil er seine Gerechtigkeit im Hinblick auf Gott, als den Urheber derselben übt. Mit der justitia des Weisen ist zugleich seine probitas und pietas gewiesen. Bei all seinem Handeln verfolgt er die höchste sittliche Vorschrift: honeste, pie vivere, d. h. leben in steter Harmonie mit sich und dem Universum (151).

Steht so der Weise in steter Beziehung zu Gott und dem Gottesstaate, so erwachsen ihm hieraus auch Pflichten gegen seine eigene Person. Er darf sein Wohl nie außer Acht lassen, denn verringert sich dasselbe, so wird auch seine Tätigkeit für das Universum eine geringere.

Der Weise ist stets von der wahren Selbstliebe erfüllt, fern von jeder eitlen Selbstsucht. Er verwendet die nötige Sorgfalt auf die Pflege seines Körpers, dass er gesund und bei gehöriger Kraft erhalten bleibe, denn nur dann ist es ihm möglich, seine Aufgabe gehörig zu erfüllen. Aber auch zeitliche Güter sucht er sich zu erwerben, „deren Menge man Reichtum nennet". Denn dadurch wird er in den Stand gesetzt, Gutes zu tun und Böses zu verhindern.

Leibniz ist der Gütergemeinschaft, allerdings im edelsten Sinne, nicht abgeneigt. Denn „wenn viele Menschen treulich vor einen Mann stünden, und unter einander die Verrichtungen sowohl und den Genuss der Güter also austeilten, wie es zu gemeinem Besten, als der Ehre Gottes, am dienlichsten, dergleichen einiger Orden Absehen zu sein angegeben und bei den ersten Christen in der Tat versucht worden, so wären die Menschen vieler Ungelegenheit und Hindernis überhoben. Alleine, weilen dazu eine nicht gemeine gute Anstalt, Tugend und Weisheit gehört, so hat es sich damit unter den Menschen noch nicht schicken wollen, sondern die Societäten und Obrigkeiten haben gewisse Dinge an sich gezogen, andere einem jeden zu eigener bestmöglichster Besorgung überlassen. Doch gewiss, je näher man der wohlgefassten Gemeinschaft kommt, je mehr werden die Menschen begehren, viel Gutes zu verrichten" (152).

An Vergnügungen wird der Weise nur teilnehmen, soweit die Rücksicht auf Gesundheit und Erholung des Geistes es erfordert oder Verkehr und Sitte es mit sich bringen. Er wird stets mässig sein im Genuss und sinnliche Vergnügungen als etwas Nebensächliches betrachten, dem man durchaus nicht zu viel Zeit widmen darf. Wichtiger noch als die Sorgfalt für den Körper ist dem Weisen die Bildung seines Geistes, denn nur mit erleuchtetem Verstande gelangt er zur rechten Gotteserkenntnis (153).

Der Weise ist sich stets bewusst, dass er die Güter Leibes und der Seele, die er besitzt, durchaus nicht missbrauchen darf, denn sie gehören nicht ihm allein. Es ist ein Gesetz der göttlichen Monarchie „ne quis re sua male utatur" (151).

Wie wenige aber von uns sind von dieser wahren Selbstliebe erfüllt! Von Ehrsucht, Habsucht, Genusssucht verblendet, handeln wir in der Welt, in diesem grössten Coetus, als wären wir allein. Der Wurm, der im lebenden Menschen seine Wohnung hat, weiss nichts von der bewunderungswürdigen Struktur des Körpers, nichts von dem Geiste, der diese natürliche Maschine belebt. Das ist ihm auch vollständig gleichgültig, er lebt allein für sich und zerstört ohne Wahl die edelsten Glieder. Ihm gleichen die Menschen. Wie Blinde rennen sie mit den Köpfen an einander, während sie in gegenseitiger Liebe nicht allein sicher, sondern auch glücklich sein und in der wahren Weise die Bequemlichkeiten des Lebens geniessen könnten. So aber quälen sie einander (150).

Anders der Weise. Er ist sich stets bewusst, dass alles, was er tut, eine Beziehung hat zum Ganzen. Verfolgt auch er stets sein Wohl, so ist doch darin immer zugleich begriffen das öffentliche, allgemeine Wohl und der Ruhm Gottes, denn diese verhalten sich nur wie der Teil zum Ganzen. Also ist es dasselbe, unser eigenes Wohl suchen und dem öffentlichen Wohle und Gott dienen (154). So giebt es denn kein erhabeneres Einzelinteresse als das, welches zugleich auch das allgemeine Wohl im Auge hat (155).

Je weiser man ist, um so weniger hat man von dem allgemeinen Wohle losgelöste Sonderinteressen, um so mehr lassen sich alle unsere Bestrebungen zusammen fassen und unter einander verbinden. Jeder Sonderwille schliesst eine Beziehung zu allen anderen ein (156).

Wenn man unter R u h m den Ruf der Vortrefflichkeit jemandes versteht, so gebührt dieser allein Gott und dem Weisen und deshalb kann man sagen: Gott lenkt alles zu seinem Ruhme, d. h. er leitet alle Dinge zur höchsten Vollkommenheit nach dem Princip des Besten. Auch der Weise setzt seinen Ruhm allein darein, nach dem zu handeln, was er als das Beste erkannt hat (154).

Das Wohlwollen des Weisen hat aber ebensogut seine Norm, wie die göttliche Gerechtigkeit. Wenn es auch Sache des Gerechten und Guten ist alle zu lieben, so giebt es doch Stufen der Liebe und zwar nach Massgabe der Vernunft, d. h. so weit es ein jeder verdient. So lieben wir auch im Schlechtesten wenigstens die materia boni, sofern er doch noch die Fähigkeit zum Guten besitzt (150).

Ist es nun zwar unsere Pflicht „c u n c t i s p r o d e s s e", allen so viel als möglich zu nützen, so können wir doch nicht allen zugleich und in gleichem Grade beistehen. Wir werden aber natürlicher Weise, da wir uns bei unserem Handeln durch die Vernunft leiten lassen, stets eher dem Guten helfen, als dem Bösen. Ja schon aus Klugheitsrücksichten sollen wir in einem casus concursus, wenn mehrere zugleich der Unterstützung bedürfen, den Schlechteren aufgeben und den Besseren vorziehen. Denn jede Förderung des Nächsten hat den Charakter der

Multiplication, nicht der einfachen Addition. Helfen wir dem Guten, so erreichen wir mehr, als wenn wir dem Schlechten beistehen, denn der erstere wirkt nach Wiederherstellung seiner Kräfte mehr zum allgemeinen Wohle als der letztere. Wenn wir zwei verschiedene Zahlen mit derselben Zahl multiplicieren, so wird der grösseren Zahl mehr hinzugefügt als der kleineren $2 \times 2 = 4$ und $3 \times 2 = 6$. Die kleinere Zahl hat eine Vermehrung um 2, die grössere aber um 3 erfahren (157).

So benützt Leibniz auch die Mathematik zur Darlegung von moralischen Wahrheiten. Wir werden noch ein ähnliches Beispiel kennen lernen.

Helfen soll und will der Weise seinen Mitmenschen stets. Schon Klugheitsrücksichten gebieten ihm das. Denn nur so kann er den Nachbar für sich gewinnen und das ist von grossem Nutzen für die Förderung seiner sittlichen Aufgabe, die durch jeden ihm zugefügten Schaden beeinträchtigt wird. Also liegt es in unserem eigenen Interesse, mit den Mitmenschen in Eintracht zu leben (158).

Aber noch einen unendlich höheren Beweggrund hat der Weise, den Nächsten in seinem Wohle zu fördern. Denn so gewiss wir durch die Liebe zu Gott zum tugendhaften Handeln überhaupt getrieben werden, so gewiss können wir auch umgekehrt die Liebe zum Nächsten als den Weg zu Gott und zur pietas bezeichnen. Es giebt keine edlere Regung, als die Nächstenliebe, die zur Gottesliebe führt (159).

Ein solcher tugendhafter Mensch nun, der in dem Nächsten seinen Bruder sieht, wirkt stets verklärend auf seine Umgebung. Er gleicht dem Magnet, der seine Richtung auch den anderen magnetischen Körpern mitteilt, die er berührt (160).

Leibniz bezeichnet die caritas auch als eine allgemeine F r e u n d s c h a f t, die geregelt wird durch die Gerechtigkeit gemäss dem Grade der Vollkommenheit, die wir in den Objecten vorfinden, also nie willkürlich und aus eigenem Gutdünken in dieselben hineinlegen (161).

Das Verhältnis der Liebe zur Freundschaft bestimmt Leibniz so, dass die Liebe (caritas) der allgemeine Oberbegriff auch der Freundschaft ist, welche demgemäss nur unter „personnes charitables", unter Leuten, die von jenem allgemeinen Wohlwollen beseelt sind, möglich ist (162). Hierher gehört auch die Z ä r t - l i c h k e i t, die uns s e h r, also in einem besonders starken Grade empfänglich macht für das Wohl und Wehe des geliebten Gegenstandes (163).

D i e g e s a m t e L e b e n s r i c h t u n g d e s W e i s e n, seine pietas characterisiert sich nun zusammenfassend, wie folgt: er ist

einredend mit dem, was Gott an ihm getan hat, in der festen
Überzeugung, dass es zu seinem Besten dient. Er sucht das, was
auch zu tun ist, so gut als möglich und angemessen dem vermut-
lichen Willen Gottes zu vollbringen. Die Zukunft ist bestimmt.
Da er aber nicht weiss, wie sie beschaffen ist, so tut
er seine Pflicht der Vernunft gemäss, die ihm Gott gegeben,
und verharret darnach in Ruhe, Gott die Sorge für den Erfolg
überlassend. Er weiss, dass er es mit einem guten Herrn zu tun hat.
Das ist das wahre fatum Christianum, das im Gegen-
satz steht zu jeder trägen Ruhe und sittlichen Schlaffheit (164).
Das sind die Guten, die ihre Pflicht tun und der Vorsehung
vertrauen, den Urheber alles Guten lieben und ihm nachahmen
und sich an der Betrachtung seiner Vollkommenheiten erfreuen
gemäss der Natur der reinen Liebe (165).

Kein Misserfolg kann den Weisen in der Ruhe seines Geistes
stören. Er weiss, dass der Fehler auf seiner Seite liegt, dass er
den Willen Gottes eben nicht erkannt hat.

Hierbei betont Leibniz in religiöser Hinsicht, dass neben
Muhe und Arbeit auch Gebete nie ohne Nutzen sind. Gott, der
auch die Bittgebete im Auge gehabt hat, bevor er die Dinge
regelte, hat auf sie eine angemessene Rücksicht genommen (166).

Mag nun auch der Weise bisweilen in seinem Tun nicht
den rechten Erfolg haben, so hat er ihn doch sicher in den
meisten Fällen. Schon mathematisch lässt sich dies durch die
Wahrscheinlichkeitsrechnung dartun. Die Zahl 7 mit 2 Würfeln
zu treffen, hat grössere Wahrscheinlichkeit, als die Zahl 12 zu
werfen. Denn 6 + 1, 5 + 2, 4 + 3 auf der einen Seite giebt stets 7,
aber auf der andern nur 6 + 6 = 12. So ist es bei allen unge-
wissen Dingen, wie im Kriege, in der Heilkunde, im Unterhaltungs-
spiel, wo Vernunft und Zufall gemischt sind, wohl möglich, dass
wir bei vernünftigem Handeln getäuscht werden, während ein
anderer bei unklugem Handeln Erfolg hat. Doch ereignet es sich
bei weitem häufiger, dass der Erfolg auf Seite dessen ist, der klug
und vernunftgemäss handelt (167).

Der Weise ist stets bestrebt, dem Nächsten beizustehen.
Wie weit aber erstreckt sich diese seine Hilfsbereitschaft?
Man kann in Lagen kommen, wo man, um den anderen zu retten,
sich selbst in die äusserste Gefahr begeben, die grössten Schmerzen
erdulden, ja wohl selbst das Leben lassen müsste. Ist man dazu
verpflichtet? Leibniz verneint diese Frage principiell. Er sagt,
das werd schöner von den Philosophen gelehrt, als überzeugend
und erfolgreich bewiesen. Denn Ruhm und Ehre und das Gefühl
der Freude über die Tapferkeit der Seele, darauf man sich beruft,
sind zwar grosse Güter des Geistes, aber nicht in den Augen
aller. Es gehört zu solcher Selbstaufopferung eine ungewöhnliche
Fähigkeitskraft, die nicht allen Menschen eigen ist (168).

Dieser eigentümlichen Ansicht kann man vom christlichen Standpunkte aus nicht beistimmen. Auch ist sich hier Leibniz selbst inconsequent. Wenn wir z. B. in die Lage kämen, jemandem das Leben retten zu können, der für das allgemeine Wohl, für das Universum von grösserer Bedeutung ist, als wir, dann dürfen wir doch den Bedeutenderen nicht untergehen lassen. Wir würden ja dann die Entwickelung des Universums hemmen, denn jener würde, wenn er leben bliebe, mehr zur Erhöhung der Harmonie des Alls beitragen, als wir. Eine solche Unterlassung ist denn doch nicht tugendhaft.

Ist es nun jedermanns Pflicht, für Erhaltung des ihm von Gott geschenkten Lebens zu sorgen und es nicht mutwillig in Gefahr zu bringen, so ist natürlich das Duell als unsittlich ebenso principiell zu verwerfen. Es beruht auf falschem Ehrgefühl. Würden aber die Leute ernstlich bemüht sein, das Gesetz des guten Rufes aufrecht zu erhalten und zu befolgen, indem sie den verachten, der es in der Tat verdient, für den Unschuldigen aber stets schützend eintreten, dann würde eine derartige Verirrung nicht wohl stattfinden. So aber ist es leider der Fall, dass der Mensch gewöhnlich nicht sowohl das Laster, als vielmehr die Schwäche und das Unglück verachtet und sich darüber lustig macht (169).

4) Die menschliche Gesellschaft.

a) Die natürliche Gliederung.

Die Gerechtigkeit ist eine gemeinschaftbildende Tugend. Tugendhaft und gerecht kann man nur im Verkehr mit anderen Menschen sein. Gesetzt, es gäbe keinen Gott und nur einen einzigen Menschen auf dieser Welt, so würde man denselben weder gerecht, noch ungerecht nennen können (150).

Aber nicht erst die Tugend der Gerechtigkeit führt die Menschen zur Gemeinschaft. Der Gesellschaftstrieb, den man auch Philanthropie, allgemeine Menschenliebe nennen kann, ist uns angeboren als Instinct. Leibniz betont entschieden, Hobbes gegenüber, dass der Mensch für die Gesellschaft geschaffen sei. Ein Krieg aller gegen alle im Naturzustande ist widersinnig. Wohnt doch jedem zunächst der Glückseligkeitstrieb inne, der auf Erhaltung des Einzelnen wie des Ganzen geht.

Aus dem Wunsche, sich verständlich zu machen, geht die Bildung der Sprache hervor, deren man sich in der Gesellschaft bedient (170).

Die Tugend der Gerechtigkeit dient man wesentlich dazu, die Gemeinschaft der Menschen zu erhalten und zu fördern.

Jede Gemeinschaft ist eine Vereinigung verschiedener Menschen zu gemeinsamem Abwehen und zwar bezweckt man stets, bald in höherem, bald in niedererem Grade, Glückseligkeit. Sofern wir zu einer solchen Gemeinschaft instinctiv getrieben werden, nennen wir sie eine natürliche Gemeinschaft.

Die erste und grundlegende natürliche Gemeinschaft ist die zwischen Mann und Weib, die Ehe. Sie ist es, auf die sich alle übrigen Gemeinschaften aufbauen und zwar in immer weiteren Kreisen. Sie ist nötig, um überhaupt das menschliche Geschlecht zu erhalten. Beide Teile derselben haben gleiche Rechte. Gatte und Gattin sind durch die Natur zu Freundschaft und gegenseitiger Unterstützung auf eine geschwisterliche Weise verbunden.

Die zweite natürliche Gemeinschaft ist die zwischen Eltern und Kindern. Sie entsteht aus der vorhergehenden. Wenn die Kinder einmal gezeugt oder doch freiwillig angenommen sind, so müssen sie erzogen, d. h. ernähret und regieret, in ihrem leiblichen und geistigen Wohlbefinden gefördert werden. Die Familiengemeinschaft ist also vor allem der gedeihlichen Entwickelung der noch schwachen, zum selbständigen Handeln unfähigen Kinder wegen da. Der auch in ihnen ruhende Glückseligkeitstrieb soll in der Familie gepflegt und in die rechte Bahn geleitet werden. Dadurch aber allein schon wird die Glückseligkeit der Eltern vermehrt, denn die Sorge für die Kinder ist an sich eine erhöhte Tätigkeit für das allgemeine Wohl. Repräsentieren die Kinder doch ein künftiges Geschlecht, das an seinem Teil zur Verklärung des Universums mitzuwirken bestimmt ist. Aber angenehm wird die Pflicht der Eltern besonders durch den Gehorsam der Kinder und ihre Dankbarkeit für das, was die Eltern an ihnen und für sie getan (171).

Wichtig ist die Berufswahl der heranwachsenden Kinder. Es ist durchaus kein Zwang in dieser Beziehung auszuüben. Denn in der sich kundgebenden Befähigung und Vorliebe für einen Berufsweg ist der Wille Gottes zu erkennen (172).

Die dritte natürliche Gemeinschaft ist die zwischen Herr und Knecht. Der Knecht besitzt wohl die Kraft, aber nicht die nötige Vernunft, um sich seinen Lebensunterhalt selbständig zu erwerben. Er wird vom Herrn unterhalten, dem er dafür mit seinen Kräften dient. Wie die Kraft stets dem Verstande, so ist der Knecht dem Herrn unterworfen. Aber da der Verstand des Knechtes gebildet werden kann, darf es keine Sklaverei oder Leibeigenschaft im eigentlichen Sinne geben. Der Herr ist verpflichtet, dem Knechte durch Erziehung aus dem Stande der Knechtschaft

zur Freiheit zu verhelfen. Denn der Knecht besitzt ebenso wohl
eine unsterbliche Seele wie der Herr und wird gleichfalls an der
Glückseligkeit jenes Lebens teilnehmen. Also ist der Knecht
nicht durchaus um des Herrn willen da. Dies kann man eigentlich nur vom Vieh sagen (171).

Wir haben bei dieser Gelegenheit den Begriff der t a t s ä c h-
lichen Freiheit zu erörtern. Sie besteht entweder in der
Macht zu wollen, wie man soll oder in der Macht zu tun, was
man will. Sie hat ihre Grade und Verschiedenheiten. Im allgemeinen ist derjenige, welcher mehr Mittel hat, freier zu tun, was
er will. Im besonderen aber versteht man diese Freiheit von
dem Gebrauche der Dinge, welche man gewöhnlich in seiner
Gewalt hat und vor allem von dem freien Gebrauche seines
Körpers. So beeinträchtigen Kerker und Krankheiten unsere
Freiheit, indem sie uns verhindern, unserem Körper und unseren
Gliedern diejenige Bewegung zu geben, die wir ihnen geben wollen
und gewöhnlich geben können (173).

Der Mensch kann zugleich frei und unfrei sein. Der Sklave,
so sehr er auch Sklave ist, hört doch nicht auf, die Freiheit zu
besitzen, zu wählen gemäss dem Zustande, in dem er sich befindet, obgleich er sich sehr häufig in der harten Notwendigkeit
befindet, zwischen zwei Übeln wählen zu müssen, weil eine höhere
Macht ihn nicht zu den Gütern gelangen lässt, nach denen er
strebt (174).

Der Freiheit entgegengesetzt ist der Z w a n g (physischer,
wie moralischer), der stets von aussen kommt. Er ist p h y s i s c h,
wenn z. B. ein Mensch wider seinen Willen in das Gefängnis ge-
bracht wird und er ist m o r a l i s c h, wenn wir z. B. mittelst eines
grösseren Übels gezwungen werden. Die Handlung hört im
letzteren Falle nicht auf, freiwillig zu sein (173).

Die drei bisher erörterten Gemeinschaften sind einfache,
weil nur zwischen einigen wenigen Personen bestehend.

Die vierte natürliche Gemeinschaft ist die H a u s h a l t u n g.
Sie ist im normalen Falle aus den drei vorigen zusammengesetzt
und sorgt für die Bedürfnisse des täglichen Lebens.

Die fünfte natürliche Gemeinschaft ist d i e b ü r g e r l i c h e
G e m e i n s c h a f t. Sie wird, jenachdem sie mehr oder weniger
zusammengesetzt ist, Stadt, Landschaft, Königreich u. dergl. genannt.
Ihr Absehen ist die zeitliche Wohlfahrt.

Die sechste natürliche Gemeinschaft, welche zugleich die
höchste und vollkommenste ist, ist d i e K i r c h e G o t t e s, die
auch ohne Offenbarung unter den Menschen bestehen kann. Sie
hat die ewige Glückseligkeit zum Ziele. Natürlich ist auch diese
Gemeinschaft zu nennen, weil natürliche Religion und der Unsterb-

Menschheit und ursprünglich eingepflanzt sind. Die Kirche Gottes ist eine katholische oder allgemeine, denn sie verbindet die ganze Menschheit unter einander. Durch die geoffenbarte Religion aber wird die natürliche nicht aufgehoben, sondern vielmehr in ihrer Wahrheit bestärkt (171).

b) Der Staat.

Der Gottesstaat ist die allumfassende Gemeinschaft, der Inbegriff auch aller irdischen Staaten

Der irdische Staat soll im kleinen ein Bild des großen Gottesstaates sein und da nun der letztere im göttlichen Monarchen als seinem Haupte gipfelt, so ersehen wir schon hieraus, dass Leibniz die Monarchie als die am meisten berechtigte Staatsform ansieht

Principiell ist festzuhalten, dass wer die Macht hat, gleichermaßen auch Erkenntnis haben soll (175). Ist nun die Staatsform die Monarchie, so soll ein Held von eminenter Weisheit und Tugend das Scepter führen. Die Aristokratie verleiht den Weisesten und Erfahrensten die Zügel der Regierung. Das Ziel der Demokratie endlich ist es, das Volk selbst Bestimmungen treffen zu lassen über das, was zu seinem Besten dient. Das Ideal allerdings wäre die Vereinigung dieser drei Formen, ein großer Held, sehr weise Senatoren und sehr vernünftige Bürger. Die Herrschaft der Willkür ist direkt der Vernunft entgegengesetzt. Jede wahre Regierung muss constitutionell sein, so dass auch das Recht des Individuums gewahrt bleibt.

Die Herrschaft der Willkür ist durch Gesetze zu beschränken. Wie sich Gott bei seinem Handeln durch die Wahl des Besten bestimmen lässt, so soll auch die Regierung stets den Gesetzen der Weisheit folgen. Freiheit aber, die in Zügellosigkeit ausartet, wird sich selbst zu Grunde richten und zur absoluten Machtherrschaft zurückführen. Anarchie ist also für die Dauer undenkbar sie führt zur Tyrannei. Jedenfalls ist die absolute Macht eines Fürsten dauerhafter, als die zügellose Freiheit des Einzelnen (hoences) Wenn man aber die wahre, vernunftgemäße Freiheit liebt, ist man gleichwohl noch nicht Republikaner (176).

Aufgabe des Staates ist es, für das Wohl und das Glück der Unterthanen zu sorgen. Dazu ist die Verwaltung da, dazu die Gesetze, die ja Vorschriften der Glückseligkeitswissenschaft sind. „Aller Klugheit und Politik Zweck sollte dieser sein, zu aufs gütigste gerichtet zu werden pfleget, wie andere dahin zu bringen, dass sie zu unser und auch ihrer Erkenntnis, Liebe und also auch Glückseligkeit bestens arbeiten, mithin die Ehre Gottes vergrößern mögen" (177).

Alles Recht, das im Staate gehandhabt wird, ist als Mittel zu betrachten, um die Glückseligkeit der Untertanen zu fördern. „Jura ad servandos, non ad perdendos homines nata sunt" (178) Die Rechtswissenschaft aber trifft nie willkürliche Bestimmungen, sie hat ihre feste Norm im Naturrecht, ruht also auf ethischem und religiösem Boden.

Leibnitz unterscheidet drei Stufen des Naturrechtes.

Die erste, unvollkommenste Stufe bildet das jus strictum, das strenge Recht, das an sich noch nicht sittlich ist. Vorschrift desselben ist: niemand darf verletzt werden. Ist aber eine Verletzung geschehen, dann darf der Verletzte Vergeltung fordern und üben (justitia commutativa, austauschende Gerechtigkeit). So entsteht im Staate das Prozessrecht, ausser dem Staate das Kriegsrecht.

Zwischen zwei Personen besteht eben so lange Frieden, als der eine nicht Krieg anfängt. Zwischen Person und Sache aber ist, weil die Sache keinen Verstand besitzt, ein beständiges Recht zum Krieg. Ein Löwe darf den Menschen zerreissen, ein Felsen den Menschen im Sturze erschlagen, dafür darf der Mensch den Löwen bändigen und den Berg durchbrechen.

Der Sieg einer Person über eine Sache und deren Gefangenschaft heisst Besitz. Man kann eine Sache in Besitz nehmen, wenn sie herrenlos ist (179). Dann ist sie unser Eigentum: d. i. das Recht, das jemand auf eine Sache hat unter Ausschluss aller anderen vom Besitze derselben (180).

Diese erste Stufe kann auch als Privatrecht (jus privatum) bezeichnet werden (181). Auf dieser Stufe wird ein Unterschied unter den Menschen noch nicht beachtet. Alle werden gleich beurteilt bei gleicher Verletzung.

Dieses strenge Recht entspringt im letzten Grunde dem principium pacis servandae, es geht aus dem Bestreben hervor, den Frieden aufrecht zu erhalten. Denn nur wo Friede ist, kann sich der Glückseligkeitstrieb ungehindert entfalten.

Eine höhere Stufe ist die zweite, die aequitas, Billigkeit: jenes allgemeine menschliche Wohlwollen, das uns bestimmt cunctis prodesse. Diese Stufe nähert sich schon mehr der wahren Sittlichkeit, ist aber noch nicht die höchste Stufe derselben, denn sie bezieht sich wie die erste nur auf dieses Leben und auf irdische Glückseligkeit. Die erste verbietet nur, die zweite gebietet, aber nicht mit dem Zwange und der Strenge, die wir auf der ersten Stufe finden.

Hierher gehört die justitia distributiva, die verteilende Gerechtigkeit, welche vorschreibt jedem das Seine zuzuteilen: suum cuique tribui fas est.

Hier wird ein jeder beurteilt nach seiner Würdigkeit (179).
Dazu aber gehört Erkenntnis des Nächsten. Wir müssen uns
auf den Standpunct des anderen stellen, damit wir bei unserem
Urteile nicht von Willkür geleitet werden (182).

Auf dieser Stufe werden demnach Verdienste erwogen,
Privilegien, Lohn und Strafe ausgeteilt (179). Lohn und
Strafe haben den Zweck, schlechte Handlungen zu verhindern
und zum Guten anzuspornen und so die Glückseligkeit zu fördern.
Sie sind stets als Mittel zu einem höheren Zwecke zu be-
trachten (183).

Leibniz bezeichnet diese Stufe auch als jus publicum,
öffentliches Recht. Es hat zum Zweck die Förderung des
Gemeinwohles durch Ausgleich. Der Glückliche teilt mit dem
Unglücklichen, der Reiche dem Armen, damit die Kluft zwischen
beiden vermindert werde (181).

Hierher gehören auch diejenigen Gesetze des Staates, welche
für das Glück der Untertanen sorgen und überhaupt bewirken,
dass man verlangen kann, dass andere das leisten, was billig ist

Die höchste Stufe endlich ist die pietas, die wahre
Sittlichkeit, welche identisch ist mit der wahren Frömmigkeit. Sie
ist von der aequitas nur insofern verschieden, als sie nicht sowohl
die irdische, als vielmehr die ewige Glückseligkeit zum Ziele hat.
Ist diese Stufe erreicht, dann sind die anderen aufgehoben, denn
sie ist deren Verklärung.

Auf das Naturrecht, wie es sich in diesen drei Stufen darstellt, hat alle Rechtswissenschaft zurückzugehen. Nach ihm
bemisst sich der Wert eines jeden Gesetzes. Also ruht die wahre
Rechtswissenschaft auf ethisch-religiösem Boden.

Die Grundbestimmungen des Naturrechtes sind allgemein-
gültige Gesetze für die ganze Menschheit. Daneben kann es noch
ein jus voluntarium geben, hervorgegangen aus irgend welcher
Sitte, die im Laufe der Zeit zu einem gültigen Gesetze wird, sei
es, dass sie ihre Autorität von irgend einem Mächtigen, Hohen
erhält (so im Staate das jus civile), sei es, dass sie infolge still-
schweigenden Übereinkommens der Völker autorisiert wird.

Ein solches Recht ist nicht unbedingt notwendig und nicht
allen Völkern und Zeiten gemeinsam. So braucht, was dem Inder
gefällt, nicht dem Europäer zu gefallen. Auch ändern sich dergleichen Gesetze und Einrichtungen im Laufe der Zeit. Nur das
Naturrecht ist ewig gültig (170)

Die Rechtsfreiheit endlich, die im Staate gilt, hat ihre
bestimmten Grenzen. Der Sklave ist im Sinne der Rechtsfreiheit
unfrei, der Untertan ist nicht ganz frei, aber der Arme ist so frei,
wie der Reiche (184).

Anmerkung. In der Lehre von der justitia universalie lehnt
sich Leibniz an Aristoteles an. Aber er vertieft dessen Begriff
von der Gerechtigkeit, indem er sie mit der Frömmigkeit iden-
tificiert. Leibniz sagt in dieser Beziehung selbst: Allerdings hat
Aristoteles diese allgemeine Gerechtigkeit erkannt, obgleich er sie
nicht auf Gott bezogen hat; aber ich finde es schön von ihm,
dass er von der Gerechtigkeit überhaupt einen so hohen Begriff
hat. Bei ihm nimmt ein wohlgeordneter Staat die Stelle Gottes
ein und die Regierung tut alles, was in ihren Kräften steht, um
die Untertanen zur Tugend anzuhalten" (185).

Das Oberhaupt des Staates soll also nach Leibniz, um
seine verantwortungsvolle und schwierige Stelle würdig ausfüllen
zu können, mit Tugend und Weisheit gerüstet sein. Ein solcher
Fürst kann aber Bedeutendes ausrichten, wenn er sich vornimmt,
die Menschen glücklicher und unter sich friedfertiger und mächtiger
über die Natur zu machen.

Kunst und Wissenschaft würden zur Blüte gelangen.
Denn die wahre Sittlichkeit führt zu deren Pflege (186). Umgekehrt aber ist die wahre Kunst der Sittlichkeit stets verwandt,
denn sie stellt das Schöne und Wahre, die allgemeine Harmonie,
die Gott in die Welt gelegt hat, dar. Die Kunst, besonders die
Musik, ist eine schöne, die Seele erhebende und veredelnde Be-
schäftigung (187).

Die Poesie nennt Leibniz eine göttliche Beredsamkeit und
gleichsam eine Engelsprache (divinior quaedam eloquentia et velut
lingua angelorum est). Der Dichter aber sollte, um sich um das
Gemeinwohl hochverdient zu machen, mit seiner Kunst die
Tugend und das wahre Glück in ihrem Reize, dagegen das Laster
und die Sünde in ihrer ganzen Verwerflichkeit schildern (188).

Werfen wir schliesslich noch einen Blick auf

c) die Kirche
und ihr Verhältnis zum Staate.

Staat und Kirche gehen Hand in Hand, der erstere
sorgt für die zeitliche Wohlfahrt des Bürgers, die letztere für
dessen ewige Glückseligkeit. Die Kirche als die höchste, universale
Gemeinschaft ist der Oberbegriff aller anderen Gemeinschaften,
also auch des Staates.

Der Staat muss, weil er die Macht hat, für Aufrechterhaltung
der wahren Religion sorgen. Die wahre vollkommene Religion
aber ist die christliche, weil sie auf dem Motiv der Liebe ruht,
welche das Band ist, das alle Menschen unter einander verknüpft.

Leibniz ist in kirchlicher Beziehung durchaus conciliatorisch gesinnt. Die Liebe zu Gott und zum Nächsten müsste ohne Zweifel, das ist seine Meinung, alle Christen bewegen, auf Kirchenspaltungen zu verzichten und eine Union herzustellen und alle Gedanken, die sich in dieser Richtung bewegen, sind groß und edel. Dass diese Union aber nicht zu stande kommt, ist ein Zeichen mangelnder Liebe (189).

In religiöser Beziehung ist stets Duldung zu üben, so lange es sich nicht um schlimme, verderbliche Lehren handelt. Solche aber hat der Staat, weil sie die Tugend und Frömmigkeit beeinträchtigen, zu unterdrücken und zwar auf dem Wege des Rechtes. Denn es ist für die Gesamtentwickelung des Universums erforderlich, die wahre Sittenlehre und die wahre Religion, welche die natürliche Vernunft uns lehrt, aufrechtzuerhalten (190).

Was nun endlich das Verhältnis der geistlichen und weltlichen Macht zu einander betrifft, so lassen sich auch in dieser Beziehung vernünftige Grenzen bestimmen. Dem Gesetze der Vernunft gemäß könnten die Geistlichen im Staate nur sein wie Räte, nach dem Beispiele der Ärzte, deren Jurisdiction so zu sagen rein willkürlich ist. Aber das göttliche Gesetz hat der Kirche etwas mehr gegeben und manchmal geben die menschlichen Gesetze auch etwas mehr, was aber nicht absolut zu billigen ist (191).

Litteratur.

J. Ed. Erdmann: Leibnitii opera philosophica quae exstant (1840). Codex Juris Gentium Diplomaticus (literis et impensis Sam. Ammonii 1693): Praefatio ad lectorem. —
Briefwechsel zwischen Leibniz und Chr. Wolff ed. C. J. Gerhardt. Halle 1860. —
Die philos. Schriften von Leibniz ed. C. J. Gerhardt 1879. 2. Band: Briefwechsel zwischen Leibn. u. Volder, des Bossues, Nicaise. -
Onno Klopp: Correspondance de Leibn. avec l'électrice Sophie. Hannover 1875. Band 1—3. —
Guhrauer: Leibnitz's Deutsche Schriften (Berlin 1838 u. 40): 1. Band: vom Naturrecht; von der Weisheit. 2. Band: von dem höchsten Gute; von dem Verhängnis.
Kleinere Abhandlungen und Bruchstücke, abgedruckt bei Trendelenburg: Historische Beiträge zur Philosophie (2. Band, Aufsatz V—VII. Berlin 1855).

Class: Die metaphysischen Voraussetzungen des Leibnizischen Determinismus. —
Erdmann, Versuch einer wissenschaftl. Darstellung der Geschichte der neueren Philos. 2. Band, 2. Abtl. 1840. —
K. Fischer: Geschichte der neueren Philos. 2. Band 1867. —
Kant: Versuch einiger Betrachtungen über den Optimismus. — Über das Misslingen aller philos. Versuche in der Theodicee (Ausg. von Rosenkranz und Schubert. 1. u. 7. Teil. 1838). —
R. Zimmermann: Das Rechtsprincip bei Leibniz. Wien 1852. —
Otto Engler: Darstellung und Kritik des Leibnizischen Optimism. Inauguraldiss. Jena 1883. —
Pichler: Die Theologie des Leibniz. 1. Teil 1869. 2. Teil 1870.

Belegstellen.

1) Nouv. ess. sur l'entendem. hum., ... Vorrede und B. 1 u. 1 u. II (bei Erdm.).

2) Erdm. S. 213 b (§ 1).

3) a. a. O. S. 216 a (§ 9).

4) S. 300 b (§ 4).

5) S. 198 a.

6) S. 272 a (§ 5).

7) d. ... "Syst. nouv. de la met." u. die "Monadologie" (b. Erdm.).

8) Erdm. S. 106 a.

9) S. 213 ff.

10) S. 196 b (§ 4).

11) S. 306 b (§ 50).

12) S. 304 b (§ 55).

13) S. 119 b (De not. jur.).

14) S. 216 b—217 a (§ 12).

15) S. 290.

16) S. 270.

17) S. 216 b (§ 9).

18) S. 304 b (§ 12).

19) D. phil. Schr. von L. ed. C. J. Gerh. B. 2 S. 57.

20) a. a. O. S. 125.

21) Erdm. S. 527 a (§ 80).

22) Trendelenb. Abh. VII S. 267, ..., 279—80.

23) Erdm. S. 472 a.

24) a. a. O. S. 654 a (§ 20).

25) S. 300 b (§ 200).

26) S. 613 b (§ 377).

27) S. 605 a (§ 340).

28) S. 600 b (§ 104).

29) S. 614 (§ 350).

30) S. 281 (§ 5).

31) S. 300 b (§ 30).

32) S. 718 a (§ 7).

33) S. 518 a (§ 45).

34) S. 300 a (§ 323).

35) S. 607 a (§ 314).

36) S. 517 b (§ 50) — Clem: D. met. Ver. ... S. ...

37) Duhr S. 600 a.

38) a. a. O. S. 496 b—50 a (§ 201) — S. 500 a.

39) S. 573 a (§ 254).

40) S. 505 b (§ 302).

41) S. 612 (§ 371).

42) S. 470 f.

43) S. 472 a.

44) S. 473 b.

45) S. 605 a (§ 349).

46) S. 254 a (§ 13).

47) S. 118 a (De not. jur.).

48) S. 615 a (§ 353).

49) S. 474 a.

50) S. 566 a (§ 201).

51) S. 254 b (§ 15).

52) S. 517 a (§ 50).

53) S. 516 und 17.

54) S. 517 a (§ 50).

55) Erdm. Versuch etc. S. 130 u. 31.

56) cf. Otto Nagler S. 52—55. — K. Fischer S. 726.

57) Erdm. S. 254 b (§ 15).

58) a. a. O. S. 205 a (§ 21).

59) S. 312 (§ 12). — Corresp. etc. (O. Klopp) B. 2 S. 10.

60) Erdm. S. 505 b (§ 9).

61) a. a. O. S. 511 a (§ 25). — S. 716 b (§ 10). — S. 476 b.

62) S. 490 b (§ 35).

63) S. 491—492 (§ 14).

64) S. 506 (§ 9).

65) S. 588 a (§ 121).

66) S. 614 (§ 220). — S. 509—10 (§ 30).

67) S. 544—49 (§ 140).

68) S. 510—11 (§ 23—24). — S. 478 b.

69) S. 511 (§ 25—45).

70) S. 563 b (§ 194).

71) S. 512—13 (§ 304).

72) S. 664 a (§ 601).

73) S. 512 (§ 304).

74) S. 604 (§ 71—72).

75) S. 605.

76) S. 579 b (§ 251).

77) S. 561 a (§ 301).

78) S. 347—48 (§ 4—5). — S. 500 f. (§ 301).

79) ...

80) Erdm. S. 666 (§ 37).

81) a. a. O. S. 488 b (§ 30—31).
82) S. 625 a.
83) S. 509.
84) L. u. Wolff (Gerh.) S. 19.
85) Erdm. S. 541 a (§ 128).
86) Bei Trendelenb.: L. de fato.
87) Erdm. S. 149.
88) Guhr. II S. 51—52.
89) Erdm. S. 490 (§ 37—38).
90) a. a. O. S. 507 b (§ 13). — S. 581 a (§ 258). — S. 570 b (§ 251). — S. 507 b (§ 14).
91) S. 548 b (§ 148).
92) S. 571 b (§ 220).
93) S. 447—48.
94) S. 507 a (§ 10).
95) S. 149 50 (Do rer. or.).
96) S. 201 (§ 41).
97) S. 657 a (§ 45).
98) Kant: Versuch etc. 1. Teil S. 53. 7. Teil S. 391—92.
99) Erdm. S. 155 b (§ 4).
100) O. Klopp (Corresp. etc.) B. 1 S. 110.
101) Erdm. S. 531 b (§ 105). — S. 331 (§ 21).
102) a. a. O. S. 649—50 (§ 24—25).
103) S. 225 (§ 15).
104) S. 249 (§ 9—11).
105) S. 642 b (§ 15).
106) S. 650 a.
107) S. 264—65 (§ 58). — S. 261 (§ 41). — S. 258—59 (§ 36).
108) S. 149 b.
109) L. u. Wolff S. 170—71. - Guhr. B. 1. S. 420 ff.
110) Erdm. S. 257—58 (§ 35).
111) a. a. O. S. 599 (§ 324).
112) S. 550 (§ 154).
113) S. 488 b (§ 30).
114) Guhr. B. 1. S. 420.
115) Erdm. S. 217 b (§ 18). — L. u. Wolff S. 18.
116) L. u. Volder (Gerh., phil. Schr. v. L. B. 2) S. 317.
117) Erdm. S. 286 b (§ 7). — S. 287 b (§ 12).
118) a. a. O. S. 214 a (§ 3).
119) S. 286 b (§ 4).
120) Trendelenb. a. a. O. Abh. V. — Erdm. S. 71 ff.
121) L. u. Soph. (O. Klopp) Bd. 1. S. 156.
122) Erdm. S. 256—59 (§ 35—36). — S. 261—62 (§ 47.)
123) a. a. O. S. 653 a (§ 149).
124) S. 215 b (§ 9).
125) S. 368 b (§ 19). — S. 280 (§ 1) — S. 371 a (§ 4).
126) S. 599 b (§ 326).
127) S. 573—74 (§ 225). — S. 251 (§ 5).
128) L. u. Soph. B. 1. S. 111.
129) Guhr. B. 2. S. 42 u. 39.
130) cf. Pichler T. 1 S. 388 (Dut. V 484). Erdm. S. 372.
131) L. an Nic. (Gerh. ph. Schr. v. L. B. 2) S. 587 u. S. 577—78. — Erdm. S. 246 (§ 45).
132) L. u. Soph. (O. Kl.) 2. Bd. S. 55. — Erdm. S. 247 (§ 1—5).
133) Trendelenb. Abh. VII S. 269.
134) Erdm. S. 334.
135) L. u. Soph. B. 2 S. 57 u. B. 1 S. 111.
136) Erdm. S. 118 b.
137) L. an Nic. (Gerh., ph. Schr. B. 2) S. 579.
138) L. u. Soph. B. 2. S. 44.
139) Erdm. S. 480 b. — S. 469. — S. 118 f.
140) L. an Nic. (Gerh., ph. Schr. B. 2) S. 581. — Guhr. B. 1. S. 422.
141) Erdm. S. 208—09 (§ 72). — S. 231.
142) L. an Nic. (u. a. O.) S. 577.
143) Guhr. B. 1. S. 425. — B. 2 S. 40.
144) D. philos. Schr. von L. (Gerh. B. 2) S. 136. — S. 577 (L. an Nic.).
145) Erdm. S. 650 (§ 50).
146) a. a. O. S. 110. — S. 149 b.
147) S. 634 b. — Trendelenb. Abh. VII S. 263.
148) Erdm. S. 334 a (§ 10).
149) a. a. O. S. 118 f.
150) Trendelenb VII S. 266—68.
151) Erdm. S. 120.
152) Guhr. B. 2. S. 42—43.
153) cf. Pichler T. 1. S. 394—400. — Guhr. B. 2. S. 38.
154) L. u. Wolff (Gerh.) S. 18—20.
155) Erdm. S. 469 b.
156) Ph. Schr. (Gerh.) B. 2 S. 19.
157) Trendelenb. VII S. 268—60 u. 280—81.
158) Guhr. B. 2. S. 42.
159) L. u. Soph. (O. Kl.) B. 1. S. 112.

160) cf. Pühler T. 1. S. 113.
161) L. u. Soph. B. 1 S. 111. —
Erläut. S. 641 a.
162) L. u. Soph. B. 2 S. 13.
163) Erdm. S. 271 a (§ 10).
164) L. u. Soph. B. 1 A. 39. —
Erläut. S. 471 a. — S. 519 a
§ 563.
165) Erdm. S. 712 b (§ 902.
166) a. a. O. S. 690.
167) L. u. Wolff (Gerh.) S. 110.
168) Erdm. S. 119 b.
169) a. a. O. S. 758 a.
170) S. 215 b (§ 9). — S. 896 u.
97 a (§ 1—2)
171) Guhr. B. 1. S. 414—419.
172) cf. Pühler T. 1. S. 396—97.
173) Erdm. S. 252 a (§ 9 u. S. 254 a
§ 13.
174) a. a. O. S. 590 (§ 859).
175) S. 411 a (§ 60.

176) L. u. Soph. (O. Kl.) B. 2. S.
367—70.
177) Guhr. B. 2. S. 99.
178) Als Motto im R. Zimmern.
(Det. IV S. 224).
179) Cod. jur. gent. Dipl. (Praef.) —
Kova meth. disc. disc. jur. b.
Trendelenb Abh. VI S. 261.
180) Erdm. S. 349 a.
181) Trendelenb. VII S. 259.
182) Erdm. S. 215 a.
183) a. a. O. S. 293 a (§ 264.
184) S. 242 a (§ 6).
185) Trendelenb. VII S. 261.
186) Erdm. S. 349. — S. 368 a.
187) L. u. Soph. (O. Kl.) B. 2. S. 359.
188) cf. Pühler T. 1. S. 403.
189) L. u. Soph. 1. B. S. 112.
190) Erdm. S. 268 u. 87.
191) L. u. Soph. B. 3. S. 863.